U0602592

小阅读·非虚构

大叔型社会的女孩们

[日] 笛美 著

陈菁 译

广西师范大学出版社
·桂林·

目 录

第一章
大叔型社会与女孩子的青春

第二章

大叔型社会与"婚活女"

第三章
大叔型社会的真相

第四章
脱离大叔型社会

第五章
对**大叔型社会**的反击

早上的电梯厅像往常一样，黑压压一片挤满了人。

这里正是打造人们的梦想与希望的广告代理公司。

员工们纷纷走进装有玻璃外墙的电梯。

穿着合身的 Supreme 服饰的帅哥们，打高尔夫晒得黝黑、西装笔挺的大叔们，像是名牌大学体育系毕业的身材健壮的新员工们，还有我这个 30 多岁的单身事业女强人。

电梯被一股令人难以置信的强大力量逆着重力往上推行。

按理说我和他们一样，都是这家公司的一员。

但实际上，我这样的人本不该出现在这里。

无论作为男人还是女人，我都是个失败者。

——活在人间，我很抱歉。

电梯持续上升，我却无法将视线从下方不断变小的景致上移开。

电梯门打开了。

我像往常一样按住开门键，让他们先走，自己则跟在后面。

第一章

大叔型社会与女孩子的青春

金蛋们 🌸

4 月晴朗的一天，我入职一家广告代理公司，成为一名新员工。身着职业装，我和四个一起入职的同事坐上出租车，去往公司。

"麻烦去 A 公司。"同事告诉司机。

出租车司机说：

"大家都是 A 公司的新员工吗？不错嘛，你们这不都是金蛋①吗？"

迄今为止，我的人生里，有谁曾称我为"金蛋"吗？尽

---

① 金蛋，比喻虽然不够成熟，但有无限潜力的事物，类似"潜力股"。（本文脚注若无特别说明，均为译注。）

管没有表现在脸上，我还是兴奋不已。

我从小就喜欢电视广告（CM①）。我要在这家公司里做一个受人喜欢的广告人。无论是同事还是前辈，我都相信自己能和他们相处得很好。说不定，我还能迎来一场美好的邂逅。蓝天之下，一座闪闪发光的大楼映入眼帘，那里就是我将工作的地方——真是不可思议。

不仅是大楼，一起入职的同事也熠熠闪光，耀眼无比。他们穿着簇新的职业装，聚在一起参加入职仪式，从他们的对话里，我隐隐约约听到了一些前所未闻的词——你是从幼儿园开始就在庆应读的吗？你老家在东京什么地方？住23区②内，那是在港区吗？港区的话是麻布还是青山？你家里人是在哪儿的公司就职，职位是？对我来说，一个人能生在东京就已经很特别了，在这之中还要再进一步细分等级吗？不知怎的，感觉很了不得。

---

① CM，即 commercial message，在日本通常限定为电视、广播类广告。而欧美国家常用的"AD"，即 advertisement，泛指整个广告领域。
② 23区，指东京都辖下的23个特别区，其中港区可称作日本企业的中心。后文的"麻布"为高级住宅区，"青山"为高级商业街。

一起入职的人里，男女比例大概是 6：4，但大家常说"如果真是选拔优秀的人，那最后优胜的都将是女孩子"。作为一名通过激烈竞争层层选拔出来的女性，我为自己感到骄傲。感谢你，A 公司，能让还什么都不是的我，加入这支由全国各地的人才、奇才所组成的队伍。

然而，从培训的第一天起，我就搞得一团糟。首先，我忘记在西装上佩戴员工徽章了。另外，我总是一惊一乍的，严格来说这并不违反规定，但我总感觉自己和这里格格不入。

一起入职的女同事叮嘱我："你要有作为职场人的自觉。不能因为笛美你的问题，连带着公司对我们的评价也变低。"新员工被分配到哪个部门和岗位是一场比赛，所以他们想必很紧张，担心因连带责任被减分。我对自己的行为感到非常抱歉。

一直以来，我都不太受女性的欢迎。特别是初次见面，她们往往认为我是一个不懂察言观色的人。但我总是过于乐观，相信自己如果能始终如一，慢慢和对方建立起信任，一切就都会好起来。

在新员工培训期间，我们经常被带去和职位更高的人聚餐。

一到店里，就会被告知：

"女孩子去××先生的旁边坐。"

虽然我的性别为女，但我知道自己并不是那种坐在别人身边会让对方开心的女人。即便如此，能被允许与一位大人物直接对话，也是一种难得的经验，所以我还是高兴地去了旁边的位置。

我很感激有人教我倒酒、敬酒、上座和下座等各个方面的礼仪知识，因为我几乎没有掌握什么"职场人的行为规范"。我们还负责分装沙拉，将烤肉从签子上弄下来。**要是谁说一句"女孩子端上来的东西更好吃"，我们也没有理由拒绝。**

在卡拉OK包厢，女同事们不知为何唱起了20世纪80年代流行的动画主题歌。原来，为了让老一辈的大叔能够尽情享受，她们才选择这样的歌来暖场。

男同事们也拼命灌酒、大吃特吃，以此来活跃聚会的气氛。

你可以听到大叔们在现实生活中说起"酒啤""在座银

吃司寿""子妹"①，这些并不是来自 80 年代偶像剧的台词，而是他们至今仍在使用的词语。

一些前辈会兴致盎然地表演聚餐才艺，像是脱衣秀或是行酒令助兴。

当然，女性没有被要求玩到那个地步。女同事们笑眯眯的，给出些淡淡的回应。

我也想被说成是有趣的人，于是就讲了个荤段子，结果却冷了场。我不禁感叹，除了微笑和回应，别的真不应该做啊！

有人曾告诉我，在聚餐等场合拼命取悦他人，是一种"体育人"②的做派。前辈们常说："工作就是游戏，游戏就是工作。"我们不是那种随处可见的无聊的公司职员，也不仅仅是受过良好教育、收入丰厚的人。我们既是精英，也是一群特别的人，可以很有趣，也可以有疯狂之处。即便店里其他的顾客或者店员对我们投以冷眼，从某种意义上来说，我们仍为自己做着这种让别人敬而远之的事而得意。

———————

① 日本 20 世纪 80 年代的行业用语，包含很多反序词语，此处意为"啤酒""在银座吃寿司""妹子"。

② 体育人，这里指参加过体育社团活动，有运动精神的人，他们往往开朗积极，讲究严格的上下级关系。

聚餐的第二天，我早早起床去公司。

对前一天一起喝酒的人，我又是挨个道谢，又是发送感谢邮件。老实说，拖着睡眠不足的脑袋和身体去和别人打招呼真是不容易。可能有人觉得这种习俗很老派，但我了解到，正是这样一点点的积累，才能让人与人之间建立起关系。

我记得广告创意培训很有意思。针对一个主题，大家各自拿出企划案做演示。在这之中做出了漂亮出色的企划案的，正是女孩子们。我很高兴能和这样一群有趣的女孩子做同事，也担心自己是否真的能做好。

广告创意讲师向我们讲起著名广告在制作时的艰辛和幕后故事。言语中，"广告奖"一词被反复提及。

"广告奖是什么？"我问旁边一起入职的同事。

"你要是希望从事广告创意工作，最好先了解一下广告奖哦。获得 ACC 或 TCC^① 之类的奖项，可以说是一个好的

---

① ACC 和 TCC 均为广告奖，前者由全日本电视广告放送联盟举办，后者由东京文案俱乐部（Tokyo Copy Writers Club）举办。

创作者的证明呢。还有一些公开的比赛可以让新人马上飞黄腾达，所以你可以先去参加那些比赛哦。"

爱西西？踢西西？这都是些什么啊？

看来，仅做好日常工作是不够的，我还必须通过获奖来变得更出类拔萃，否则别人是不会把不错的工作交给我的。

一位广告创意讲师曾说过这样一番话：

"我不指望新人一开始就做得很好。干不好也不要紧，但你要多做些企划案出来。不过，虽说提出有意思的企划案很重要，但首先你还是成为一个招人喜欢的后辈吧！把自己的弱点暴露出来，去获得他人的喜爱吧。"

原来如此。我想，虽说一件事能有结果很重要，但在此之前，先作为广告创意界这个团体的一员被人喜爱，同样很重要啊。

新人热 🌼

　　我被分配到的创意部以男性为主，除我之外，还有两名女员工，其余的女性则来自总务部。**年轻人加入一个组织时，往往会立刻受到关注。如果来人还是一个年轻姑娘，那就更不用说了**。即使是向来不大受欢迎的我，也觉得自己像是迎来了人生的高光时刻。

　　我所属的这个创意部的前辈中，有九成人都加班，甚至还有些人好像就住在公司。而**另外一些大叔则是白天玩纸牌，到点就下班，他们被称作"没干劲的人"**。我作为新人，当然希望被看作一个"有干劲的人"，所以我从第一天起就开始像前辈们一样加班。

　　我还是新人的时候，几乎每天晚上都有人叫我去某个地方参加聚餐，说是因为"尽是大男人参加，少了万绿丛中那一点红"。这几乎是我有生以来头一回被当作"红花"来对待，于是我也跟着起劲。聚餐时，经常有人问我有没有男朋友，喜欢什么类型的男人之类的。我没有男朋友，因此总是以此为话题，问对方"怎样才能找到男朋友呀，给我点建议嘛"。

　　在一次新人欢迎会上，喝得醉醺醺的上司向我讲起荤段子，还碰了我的身体，而我只是一笑了之。

　　第二天，目睹了那一幕的一位男前辈跟我说：

　　"昨天我没有帮你阻止他，真不好意思呀。那可是严重的性骚扰啊。"

　　"嗯？您指的是什么呀？我完全不介意哦！"我这么回答他。一方面我是想让他知道，自己不是在意这类小事的老土女人；另一方面，我确实也没有把它放在心上。

　　前辈们各个多才多艺，无论是在卡拉OK、宴会才艺表演，还是在日常闲谈中，他们都特别善于活跃气氛，我和他们一起喝酒也很开心。

在其他部门，有一名 50 多岁的女员工，被大家誉为女中豪杰。这位前辈是这家公司女员工里的先驱者，她的外表并不特别女性化，且本人一直是单身。这位女中豪杰以表演男性常展示的宴会才艺"脱衣秀"闻名。什么时候也能让我见识一下呢？我既期待又忐忑，却一次都没看到她的表演。当时我还稍微考虑了一下，自己是否也应该使出浑身解数表演宴会才艺？可是，我不想变成她那种十足的女汉子，而是更想成为一个既不失女人味，又能活跃宴会气氛的人。

同一楼层里，除了众多综合职①员工，还有一部分派遣女员工也在这里工作。她们比我之前见过的任何人都打扮得更华丽，身材也很苗条，同样是女人，她们看起来和我完全不是同一类。只不过，派遣工的合同好像三年就到期，我曾无意中听到一位男同事说："所以她们才急着想在合同到期前，拼命抓住一个男人呀！"

---

① 日本公司正式员工普遍分为综合职和一般职。综合职需承担企业综合业务，有被调职、转职以及晋升的可能性；一般职则负责企业一般业务，不会被调职但也无晋升机会。

在我加入公司之前，曾找过一位学长做 OB 访问 [①]，某天他过来出差，我去和他打招呼。

他一看到我就说："你变得更有女人味了啊。"

我们先是一起去吃饭，在打车去第二家续摊之前，他告诉我："我有东西忘在酒店里了，我想拿了再去。"

于是，我们乘出租车去了酒店。

我本来准备在大厅里等他，但不知怎的后来还是去了学长的房间。

一进房间，学长就脱下鞋子，在床上放松休息起来。

我问他："哎，您不是说还要去下一家续摊吗？"他则说："你不是来跟我做爱的吗？"

我的大脑变得一片空白，不知该如何回答，就随便搪塞了一下，然后从酒店逃回了家。在出租车上，我的心还狂跳不止。我为什么要跟着他去什么酒店？学长还有正在交往的女朋友，而我因为没有把他当男人看，也就没留意这一点。**第二天，我还未从打击中平复过来，但还是给学长发了致谢信息，就好像什么都没有发生。**

[①] OB 访问，即去公司面试前，找到在这个公司工作、与自己同一个大学毕业的前辈咨询公司的情况。OB 为和制英语 Old Boy 的缩写，意为学长、前辈。

一起入职的男同事经常这么说：

"女孩子都被人宠着，真好啊。"

的确，在那个时候我觉得自己作为女人，比男同事得到了更多的关注，尝到了更多的甜头。比起不被任何人关注，备受关注更好。只要对工作有利，无论是什么，能用上就行。

欢迎来到广告的世界

新人热基本退去后，我开始开展正式的业务。

我的职业是广告文案撰稿人兼广告策划，工作内容是写广告文案、策划电视广告，有时也要负责一些活动和与数字营销相关的策划。

艺术指导的工作则是考虑广告的视觉效果。对文案撰稿人、广告策划、艺术指导等工作人员进行统筹的职务被称为"创意总监"。

就像我在培训时学到的那样，在新人阶段，我要努力提出比任何人都多的企划案，并让自己的方案通过层层商讨，在所有的企划案里脱颖而出。然而，一开始就让自己的企划案胜出是很不容易的，毕竟总有更优秀的前辈走在你前面。我会看着前辈们的企划案，找到与自己的企划案的不同之处，并不断从中学习。

记得第一次请他们将我的企划案带去给客户做演示时，我高兴极了，欲望也随之不断膨胀，甚至开始期待自己的企划案不是作为"陪跑"，而是作为本公司首推的方案出现。只不过想要达到那种水平，还需要好几年的时间。

广告代理公司的工作模式是从傍晚开始处理白天和客户在会议上决定的事宜，人也就难免变成夜猫子。大家愉快地一起吃个晚饭，再回到公司继续工作，日复一日。对我来说，公司同事就是家人般的存在。即便没有工作上的事，新人时期需要自己钻研的事情也堆积如山。

我们回家一般都是在凌晨一点，两点以后下班也是常有的事。工作到筋疲力尽后打车回家很是辛苦，我却有一种充实感。即使在对接客户时遇到糟心的事，也会因为自己喜欢团队的每一个人而不觉得气馁。我甚至觉得大家拧成一股绳共渡难关，才能更好地团结在一起。

在与广告相关的工作中，竞标方案演示可以说是最能让团队"燃"起来的赛事。

竞标方案演示，是客户让几家公司提交企划案参与竞争，以便选出最好的广告方案。据说客户如果想重新评估一直以来合作的广告代理公司，他们也可能把这家公司纳入竞争。从广告代理公司的角度来看，如果客户已经与本公司合作了很长时间，那么公司就会用已经稳定成熟的路数来制作广告。可是，一旦自家的广告和别家的被一起放到天平上，大家的斗志就会立刻被点燃："我们怎么能输给别的公司！"

作为一个新人，我完全没有竞标方案演示的战斗力，但我会协助前辈们制作资料，做好方案演示的准备工作，并送他们"出征"。

经常听人说："到处都是些无聊的广告。"

可直到我真正从事这项工作，我才知道那些"无聊"的广告也是花了数月才制作出来的。做竞标方案演示，一次次地修改企划案并再次提交，然后又一次次地收到反馈，再提交修改方案。即使最终只有一个方案被选中，也要把多个方案做到完美。正如冲出淤泥绽放的荷花，广告也是在克服了诸多困难之后才面世的。

在电视广告的拍摄现场，几十名专业人士，包括导演、摄影师、灯光师、音响师、美术师、化妆造型师、餐饮服务人员（后勤人员）、制片主任和制片人，为了短短 15 秒的广告而聚在一起。在广告制作人员的努力下，甚至可以把一个 10 分的企划案变成 60 分。

我第一次去明星拍摄的片场时，颇受感动。那位明星仅是站在镜头前，就表现出了极大的吸引力和相当高的存在感，画面马上就定了下来。他一定也很忙、很累，但在片场他还是会充分把握我们的意图并将其表现出来。此外，他自始至终都对周围的人笑脸相待，关怀备至。尽管大家都是人，但他的身上却有种和我们完全不同的东西，非常特别。

一位在大学专攻心理学的前辈曾告诉我这样一件事：

"人们倾向于喜欢他们频繁接触的事物哦。在心理学上，这被称为'纯粹接触效应'。无论是广告还是明星，想要大受欢迎，首先最重要的就是增加曝光率。"

心理学可真是厉害，竟然能如此了解人心。企业投放大量广告，明星出现在媒体上，都是为了增加与人们接触的机会，获得他们的好感吗？

　　为了自我提升，我参加了宣传会议 ① 举办的"文案撰稿人培养讲座"。学生时期我曾在车站看过贴在那里的美丽少女海报，从那时起就开始关注这个讲座。讲座的讲师是活跃在第一线的创作者，他们会教授广告文案的写法和电视广告的制作方法。参加讲座的学生五花八门，有意图进入广告业的大学生，有在广告公司工作的创意新星，甚至还有在客户公司工作的人。环顾教室，**我发现学生中有不少女性，可为什么在公司工作的创作者大多是男性呢？** 讲师每周都会从学生提交的文案里选出最为优秀的并在课堂上公布，而我的文案直到最后都没能获得第一名。能就职于广告代理公司固然好，但在这里比我有趣的大有人在。于是，我试着跟一位职场前辈谈了谈。

　　"我去参加文案撰稿人培养讲座时才发现，比我有意思的人公司外面多的是。"

　　"是啊。有经常获'宣传会议奖'的，有影视制作人之

---

① 宣传会议，日本最早出版广告杂志的出版社，其举办的讲座的宣传海报上多有年轻女模特的照片。后文的"宣传会议奖"是该社举办的公开征集作品的广告奖。

类的，也有获得广告奖的普通家庭主妇。笛美你已经站在了别人想要占据的击球员区哦，所以你必须始终全力以赴。"

我很感激自己处在一个得天独厚的位置，并深感自己得更努力才行。

广告教会我的事

　　我就像一个来自农村的土包子，广告则教会了我数不清的道理。告诉我广告之基本的，是 30 多岁有匠人气质的文案撰稿人 S 前辈。当我怎么写文案都觉得不对劲并为此发愁时，S 前辈对我说：

　　"只凭自己的想法写文案，文案是无法传播开的，你得想着对方写。"

　　他指出的这个简单的问题让我豁然开朗。我一直生活在几乎只有自己存在的世界，现在终于开始意识到他人的存在了。曾经被我投向一片虚无的球，开始朝着我想要传达到的某些人的心中飞去了。

话虽如此，事情也不是每次都很顺利，有时我也会因为看不到想要传达的对象而迷失方向。这种时候，S 前辈给了我一些建议：

"你不必把所有人都当成你的受众。你可以试着只想象某一个人，思考怎么做才会打动对方。"

虽说自己曾是个不懂察言观色的家伙，但我也开始尽可能尝试去了解对方的心情，并想办法去回应对方的期待。

世上的人都觉得"广告都是骗人的"吧，不过许多前辈异口同声地跟我说："不要在广告中撒谎。"这是因为谎言很容易被人看穿，自然也不会在对方心里留下什么印象。确实，如果你去看看过去那些优秀的广告文案，就会发现隐藏在其中的一些真相。电视广告也是如此，再怎么荒诞无稽的设定，也能让人感受到其中的某些真实。我心里明明很清楚这一点，可还是会不由自主地想出一些缺乏真实性的企划案或是不合理的文案，这种时候我就会尽可能地自我反省。

当我无法接受客户的修改指示时，我常常在回家的路上发牢骚。

"他们这回讲的和上回讲的不一样啊。也太变化无常了吧！"

S 前辈是这么回答的：

"客户不是敌人哦。你应该感谢他们给你一个再次修改的机会。"

的确，比起一言不发然后慢慢把我晾在一边，详细地为我指出问题所在，可能更是一种对我的信任。

那些颇受国民欢迎的知名广告，据说也是在客户的吹毛求疵、强人所难之中诞生的。有一位泰斗级的创作者也这么说过："突破制约，所以专业。"虽然客户吹毛求疵或强人所难会让人产生挫败感，但我会劝自己："算了，不如从现在开始一决胜负，就当他们给了我一个思考的机会。"

除此之外，我还学到了通过大量观看、照抄过去的好广告来将它们铭记于心。看到歌颂母亲奉献精神的广告时，我会感动落泪；看到中年女人瞧不起她的"废柴"丈夫的广告时，我会开怀大笑；看到表现男人调皮任性或笨手笨脚的样子的广告时，我会觉得很可爱。

我认为很常见的一类广告，是描写人的一生，比如一个女孩出生，成为女高中生、女白领，接着结婚、成为母亲，然后一下子变成祖母的这种广告，还有它的男版。为什么当我看到一个人的一生时，会如此感动？广告真是不可思议。

一位著名的文案撰稿人曾说："文案是一种发明。"他的意思大概是，文案发明了一种看待事物的新方式。

当我听到这话时，我感受到了一种难以言说的浪漫。我们所创造的，不只是那些构成漂亮话的文字，而是像爱迪生的电灯泡一样足以改变世界的"发明"。这么一想，我越发为自己的工作感到自豪。

好的广告文案有一种不可思议的力量。即便旁边列着其他许多文案，也独有它看起来熠熠生辉。好的文案可以改变商谈的氛围。它能给团队带来希望，也能给员工带来力量，大家心中会涌起一股原动力，就是无论多难也要让企划案成形。还有一位文案撰稿人曾经说过，"文案就是'抓手指跟我来'①"。只用一句话就能打动所有人的心，这就是我想要做的工作。

---

① "抓手指跟我来"是日本儿童玩游戏时常说的口号，例如发出倡议的人竖起食指，说"要来我家玩的，抓手指跟我来"，愿意参与的人则抓住他的食指聚集在他周围。

无论我们怎么用心制作，实际看到广告的人仍然可能会批判它。客户和我们都很怕收到关于广告的投诉，所以大家会格外小心，避免给看广告的人带来任何不适。尤其是在社交网络普及之后，我们能通过自我搜索看到人们对电视广告的真实反应。

当我们为某个小型媒体制作的广告被人留言评价为"看着就烦"时，我的心都跟着揪紧了。即便你是出于好意做一件事，在实际将它公之于众之前，你也永远不知道别人会对此作何反应。然而，再怎么小型的媒体，出现在上面的广告都能清晰地传达给世界。因此我觉得必须要用心去做。

广告里没有正确的答案。有位资深的 O 前辈常常一边"碎碎念"一边写文案，就这么加班到深夜。他曾说过这样一番话：

"这样写也不对，那样写也不好，就这么把企划案来回修改，再筛来选去，然后无限重复这一过程。我都已经 40 岁了，还在做这些事呢。"

他明明已经是资深人士了，却还这么谦虚且努力地自我钻研，我对这样的前辈很是钦佩。自己作为新人，一时不顺也是正常的，创意工作者的人生就是一个不断修炼的过程。

　　有一天，我发现登有自己做的广告的报纸，被人扔在了路边。

　　"我那么拼命做的广告，过了一天就变成垃圾了啊。"

　　于是 O 前辈跟我说：

　　"你能注意到这件事挺好的。我们确实是在制造只会被人一瞬间看到的垃圾呀。但是，胜负就取决于那一瞬间我们传递出了多少讯息。"

　　我常常会误认为，世上的人应该都抱着和我一样的热情来看广告。其实我应该牢记，自己只是世上少有的广告狂热爱好者之一，广告对多数人来说不过是噪声而已。

女人的敌人是女人？

创作者中有一位与我年龄相仿的 B 前辈。由于 20 多岁的女性就只有我和她，而且两个人的职位也相近，我们便经常被人拿来比较。

"B 前辈不怎么像个女人，笛美你却有女人味呢。感觉你一来公司，就像女孩子第一次来男校一样。"有的男同事会这么对比我们的外貌。

每当 B 前辈被男同事嘲笑"没有女人味"之类时，她都会乐呵呵地一笑置之，我便以为她并不在意这些。无论 B 前辈有多忙，她的办公桌总是收拾得很整洁，而我的办公桌则是要多乱有多乱。她的人生非常有规划，而我一直以来就是得过且过，因此也有人给我提过建议："笛美，B 这么可靠，你要不也学学她吧？"

我们两个女人被区别对待，也体现在工作安排上。B 前辈被分配了相对繁重且自由度低的工作，而我则负责自由度相对高一些的工作。B 前辈对接的客户要求很严格，比如客户头天深夜才把问题提出来，第二天就要求她必须给反馈；或者她费尽心思准备的企划案被要求反复修改，最后变成了毫无意义的东西。总之，那似乎是一个因为对方过于苛刻，所以我们的努力难以得到回报的项目。我曾听到一个传闻，说 B 前辈从客户那里回来后，在办公室里哭了。我们都很忙，虽然年龄相仿，但两个人甚至都没有机会一起吃个饭或者出去玩。

有一天，我收到了一封来自 B 前辈的电子邮件，邮件里她让我改掉一些毛病。

B 前辈指出的问题里，虽说也有"你没有一个职场人该有的样子"这类督促我成长进步的，但其中也不乏针对我个人的批评，比如我的桌子很乱、皮肤粗糙，她还叫我不要满眼充血地来公司。看完邮件我只觉得眼前一黑。

我不受其他女性喜欢是常有的事，可是连和我同部门的，也是我最不想被讨厌的女同事都不喜欢我吗？仿佛是为了把我推向绝境似的，我的职场导师 S 同事还跟我说"你得原谅 B 前辈"。

其他人也知道邮件的事吗？难道大家都那样看我？我突然很害怕待在公司，觉得这里似乎已经没有我的立足之地，自己也没办法再继续从容地工作了。那时候我完全没有想过要和谁谈一谈这件事。

我变得很怕去公司。然而三年内我不能辞职，不然就太没恒心了。每天早上站在地铁站台上看着列车进站，我甚至胡思乱想，考虑要不干脆一了百了。

这样的日子一直持续着，直到一位才跳槽到我们公司的 E 前辈发现了我的不对劲，他主动找我搭话："我也要整理桌子，我们一起收拾吧！"

于是我们两个人一直收拾到天亮。我对他那时所做的一切感激不尽。**真正陷入困境的人，甚至无法意识到自己身处困境，也无法发出求救信号。**

第二年，B 前辈不再负责一个重要客户，于是相应的工作被分配给了我。我心想，只要 B 前辈高兴，那就够了。我已成熟稳重了很多，别人批评我没有职场人样子的情况也越来越少。或许"你没有一个职场人该有的样子"，这话说白了就是"你不要太出格"的意思。

在很长时间里，我对 B 前辈都心怀芥蒂，无法释怀。我想着哪天要在工作上干出成果给自己争口气，就算做不到，至少也要努力不让她小瞧我。其他部门的一位女前辈出于关心，对我说了这样的话：

"**我们是这里为数不多的女性，大家不要彼此敌对，要好好相处哦。**"

但是，这话我无法接受。

就因为我们都是女人，所以要互帮互助，我不懂这有什么意义。倒不如只有我一个人是女人，这样一来，说不定我就能集众多男性的宠爱于一身了。

孤独的日子

随着我的工作变得越来越充实，属于我个人的时间也随之减少。我与学生时期很亲密的朋友之间有了物理距离，而公司则成为我的世界的全部。我想尽快取得成绩，想被认可，想成为大家的朋友，因此没有时间休息。

几乎所有周末和节假日我都来上班，而只要来公司，我总会发现同事和前辈们都已经在那里，他们还会跟我说"你很努力啊"。为了对接客户，我还缺席过朋友的婚礼。在这个世界上，没有比工作更重要的安排。我不允许自己去做些有趣的或是让自己放松的事，甚至认为泡澡、在工作日睡个好觉、和朋友玩这些事对自己而言也是不合适的。

为了排解孤独，我大肆挥霍。朋友必须约好才能见面，但衣服、化妆品、正餐和点心，只要我出钱，随时都能买到。

通勤早高峰时的街道和深夜从出租车上看到的空无一人的街道，就是我看到的外面世界的全部。医院、银行还有别处的营业窗口，我下班的时候它们都已经关掉了。总之在那个时候，我无法过上正常的生活。没时间去超市，所以我很少有机会自己做饭，虽说学生时期很喜欢做饭，但现在每天只能在便利店买吃的或者在外面就餐。由于我忙于工作，驾照也过期失效了。

我记得当时白天我总想睡觉，就是想睡觉。穿着高跟鞋的脚又特别疼。无论何时何地，我都想躺下。不知怎的我不想继续待在公司，就走到街上，却发现街头只有石头或金属做的长椅，没有温暖的木质长椅。好不容易找到了一张木质的，但它的正中间有一个隔板，我也没法躺下来。

每到傍晚，我就担心自己会脱妆。粉底与脸上的皮脂混为一团，就像一层泥。我需要用吸油纸或卸妆纸巾将它清洁干净，重新上粉底，然后再加几个小时的班。

女性杂志上总写着什么"回家后不卸妆就睡觉，这种习惯对皮肤不好"，但我每天加班的时间远超过普通女白领回家卸妆的时间。这会对我的皮肤造成多大的伤害呢？脱妆不可避免，这就需要反复补妆。我觉得自己的皮肤一直被化妆品遮盖着很可怜，也考虑过要不要不化妆。可是，我曾听到一个男同事指着一位女前辈说"那个人今天是素颜啊，脸好难看"，我担心自己不化妆的话，别人对我的印象分就会打折。

深夜加班的日子持续久了，我的身体从指尖开始变凉，整个人甚至会止不住地发抖。肚子饿让我变得更想吃甜食，可就算是去便利店买了糖果或者面包，吃了又吃，肚子还是很快又饿了。

我原本就不是一个很讲究时尚的人，深夜加班久了，脑子也转不动了，越发不知道要怎么搭配衣服。我只能胡乱搭配着穿去上班，比如上半身很简洁修身，下半身却休闲宽松，看着镜子里面自己的模样，我有时候都会吓一跳。

有一次我在彻夜加班后，把会议室的椅子拼在一起，躺在上面睡觉。早上 5 点左右，一位保安爷爷过来巡视。

他跟我说："你一个年轻姑娘，怎么能这么拼啊。你是不是想不开？"

我紧绷的心一下子放松下来，眼泪夺眶而出。

我回答他："没事，我挺好的。"

可惜，这位老爷爷在两年后退休了，我再也看不到他了。

尽管如此，只要我坐在公司的办公桌前做企划，就能够忘记孤独。那时我的心中还有梦想和希望，希望我凭借广告取得成功，成为知名的创作者之后衣锦还乡。**我想出人头地，想成为一个不一般的人物，为此我必须获奖扬名。**如果一个人能看到通往成功的路，就没有理由止步不前。我就是这样做，才在考试、找工作的时候成功闯过了一关又一关。

制片公司的人们❀

　　然而，还有工作到比我更晚的，制片公司的那些人就是。

　　广告代理公司向客户提交广告计划，但他们本身并不负责拍摄视频或者做设计之类的。如果是电视广告，就会由影像制作公司负责。如果是设计，就会由设计制作公司的人实际动手，来让广告成形。

　　当客户针对你彻夜思考后提交的企划案提出苛刻的修改意见，或者当你收到的反馈与之前定的方向不同时，人的心情会变得特别糟糕。不过，真正动手去做的其实是制片公司的那些人。

当我在休息日工作时，有位设计师对我说：

"你们代理公司的人连休息日都要工作，那我们更得努力了。"

看起来，制片公司的人甚至觉得工作时间比广告代理公司更长是一种礼仪。他们本不需要这么想，毕竟我们属于不同的公司，又不是上司和下属的关系。制片公司的人还总是给我们特别的款待，比如出去聚餐时给我们倒酒，拍摄时让我们优先选盒饭等。

我明明也没干什么，为什么他们如此尽心尽力？我很想知道，形成这样一个对广告代理公司来说如此惬意的世界，究竟花了多长时间。制片公司的人内心是怎么想自己的呢？他们是否有时候也会觉得"我们能做出比广告代理公司更有趣的企划案"？

当我的企划案不够严密时，有的导演会向我指出问题，比如"我觉得跟着你这个企划案干不下去呀"。一个企划案就像一个骨架，如果骨架不牢固，就无法填充好血肉。导演应该是最清楚这一点的吧。相反，当导演觉得一个企划案很有趣时，他们会表现得兴奋不已。通过与导演的交谈，我知道了提前想象的重要性，这种想象包括企划案将以怎样的方式被表演和呈现。毫不夸张地说，经验不足的我是在这位导演以及公司之外的其他专业人士的帮助下，才得以成长的。

我听说一个在制片公司工作的朋友因为抑郁症而停职了。他是一个特别认真、踏实的人，因此我很惊讶，心想这事怎么会发生在他身上。虽说我工作也很辛苦，但和制片公司的人相比，还算是轻松得多。**在制片公司工作的女员工的离职率也相当之高，我还是新员工时就在那里工作的女员工们，五年后都已经离开了。**

上司曾经告诉我："制片公司的人这么做也是心甘情愿的。"或许确实如此，但真的有人愿意接受自己拼命工作直到危害身心健康吗？我自己也处在压榨制片公司的立场，不是吗？不知怎的，我感到很不自在。

如果哪天我飞黄腾达，成为向制片公司下单的甲方，我会想办法尽可能不增加他们的负担——那时候，年轻的我这么幻想着。

艳粉现象 ✿

　　据说，世界上 80% 的消费品的购买决定权在女性手上。可是在我所属的部门，大多数创作者都是男性。作为为数不多的女性之一，我经常被安排负责"女生项目"。然而，想要让光彩照人的"女生项目"最终成形，需要经历一些想象不到的困难。

　　我还是新人的时候，曾经参加过一个女性产品的包装设计工作。客户团队由中年男性和年轻女性组成。

　　几位女设计师为我们想出了绝佳的包装方案。

　　由于我也是该产品的目标受众之一，大家便询问了我的意见，我说："嗯，我觉得方案 A 不错。"女设计师们表示赞同："我们也最推荐方案 A。"

在给客户做演示时，女员工看到方案 A 后也说："好可爱！"事实上，在之前的用户采访调查中，方案 A 在好感度和醒目度方面都名列前茅。

我满怀期待，深信一个漂亮的包装将就此诞生。

没想到，在用户采访后的商谈中，客户中的一名男员工给了我们这样的指示：

"经过公司内部讨论，我们希望你们能打磨一下方案 F。"

方案 F 确实更便于用户理解产品的功能，但它在之前的用户采访中并未获得较高的评价。并且，我们明明可以选择在方案 A 的基础之上，让产品的功能更突出。这背后到底发生了什么？

客户中的女员工沉默起来，不再发表意见。这名男同事继续说：

"方案 F 传达了功能性，但缺乏吸引力，所以我们想在设计中加入更多的蕾丝花边或者水钻之类的，让它在店面里更显眼。"

曾经有一段时间，蕾丝花边和水钻的确很流行，但当时它们已经没那么时兴了。当然，可能有的目标受众和我是不同类型的女性，可能客户需要考虑产品在柜台上是否足够醒目，也可能他们还从其他很重要的角度做了考虑。此外，给我们出钱的是客户，如何使用采访调查结果，如何设计是他们的自由。只不过我们好不容易收集的用户意见，又该如何处理呢？

在那之后，作为艺术指导的前辈和设计师们连日加班到深夜，经过多次的返工，不知加入了蕾丝还是水钻的包装完成了。

一段日子之后，我在网上闲逛时，发现"艳粉现象"正成为一时话题。**这种现象指的是在广告或产品的实际设计中，男性领导想当然地认为女孩子喜欢粉色，结果设计出来的东西不受当下的女性喜欢。**

我之前的遭遇，不正是这种"艳粉现象"吗？！

毫无疑问，喜欢粉色的女性肯定是有的，我并不否认她们的喜好。但如果被"女孩子喜欢粉色"这种先入为主的观念束缚，不听取当事人的意见，结果会变成什么样呢？

几年后，我在一家药妆店惊讶地发现，摆在店里的竞争对手的产品，使用的正是与当时没被选中的方案 A 相似的包装！方案 A 的设计是否过于超前？还是说，女性的喜好传达到领导层的大叔们那里，需要数年的时间？

　　"艳粉现象"不仅发生在设计上，也发生在广告文案上。比如有位客户说，他们希望在广告中加入"超级无敌有光泽"的文案。"超级无敌有光泽"用日语讲出来不觉得很不自然吗？我不禁担心起来。

　　公司里杰出的销售人员经常这么说：

　　"广告代理公司不应该只是客户的执行人。如果客户哪里错了，我们要给他们指出来，这才算得上真正的合作伙伴。"

　　我向这样的销售人员学习，好几次提出"超级无敌有光泽"的替代方案，但不知是不是这些方案之前都被人提过，总之客户没有采纳它们，而是让那句奇怪的日语就那样出现在大众视野之中。

　　作为那件产品的最终用户的女性们，看到那句广告文案不会觉得很莫名其妙吗？虽说它不是我本人写的，但毕竟这项工作与我有关，弄出一个如此可笑的产品，简直让我痛心不已。从客户、广告代理公司和制片公司的立场来说，大家都已经竭尽全力了。可是，为什么最终会得到一个令人失望

女性如何坚持己见？

　　如果我当时是一个有名的实力派创作者，"艳粉现象"应该就不会发生吧？在和一位我很尊敬的女创作者见面时，我和她谈起了这件事。

　　"男领导们不让您的企划案通过时，您是怎么说服他们的呢？"

　　"虽然我也时常觉得那些大叔不了解面向女性的企划案，但如果它足够出彩，就算是男性也能够理解哦。"

　　我为试图找借口的自己感到羞愧。是啊，我的做法很不成熟。真正好的想法，应该与性别无关。在那之后，每当我提交一个面向女性的企划案时，都会加上一个诚恳、细致的说明，比如"女性是这样想的"，或者从一开始我就做出一个让男性更容易理解的企划案。这么做的原因是，如果男性意识不到企划案的价值，那么这个想法最终只会成为一个拙劣的作品，然后不了了之。

从很早之前我就隐隐察觉到一个问题，那就是在公司内部的企划商谈上，**哪怕是同样的想法，由男前辈提出来会比我自己提更容易获得通过**。一开始我以为是他们更有说服力，而我不是那么可靠，所以说服力不够。但实际上，是我没有前辈们那种强大的气场和自信。

由于大家更倾向于听取男性的意见，我便掌握了一项技巧，即在会议前和男创意总监做好事前沟通，告诉他"女性是这么想的哦"。等正式商谈开始，他就会代替我提出那个意见，其他男同事就会表示赞同并且欣然接受。虽说大家可能不会把功劳记在我头上，但至少企划案不会变成可笑的"女生项目"，也算做到了防患于未然。并且，我这样做也能让上司更有面子，可谓是双赢。

但是，还有一件事像迷雾一样在我心头久久不散。在工作中叫上女性创作者，是希望我们"从女性的角度做企划"，可我算得上是那种能代表女性的人吗？我认为我是从目标受众的角度提出企划案的，可男性却理解不了，以至于到了最后，他们往往就选择一个幻想出来的"女孩子应该会喜欢的企划案"。如果有这样的企划案就够了，那一开始为什么要叫上我们女孩子呢？就为了借女性之口来为那个他们幻想的女孩子会喜欢的企划案做说明，以显得这个企划案有"权威人士"的认证吗？

不过，我认为当时公司也在一些"女生项目"中做出了正确决策。有个客户想要进入针对年轻女性的美容产品领域。客户代表也是年轻女性，对方召集了几家广告代理公司进行竞标方案演示。公司中的一些女性成员被邀请参加内部启动会议，大家围绕美容产品聊得很起劲。

"我可不希望别人觉得我的妆化得很刻意"，"我不希望别人觉得我是在故意装可爱，我喜欢那种干净又漂亮的妆"，"其实，自然妆才是最费时费力的"。

参会的男性成员之前从未从事过与女性产品相关的工作，他们感到茫然。

"我们跟不上女性之间的谈话，本来她们对美容知识的了解就比我们多得多。"

　　导演组决定把营销和创意领域的现场交给包括我在内的女性团队负责。团队中的男性成员则为女性团队的方案演示提供建议，照顾好客户中的男性员工，为了让企划更顺利地通过而东奔西走。正因为有这样的团队构成，我们最终才在竞标方案演示中胜出。现在看来，这在当时是一个明智的决定。

　　我觉得所谓的广告，是一种能反映相关人员的生理节奏的生命体。在我们协助各种客户的过程中，所有我们觉得做出了"好广告"的项目都有一个共同点，即团队中存在一种氛围——大家都可以畅所欲言，并以最终用户为中心做决定。

　　相对地，即便有预算，如果眼里没有最终用户，或者虽然看到用户但又不得不无视他们，就可能导致广告无法直击用户的心。此外，当职权骚扰、性骚扰或政治恐怖出现，自由的氛围就会被打破。

　　能制作出好广告，就总会有好的客户。虽说这么讲会得罪人，但无论广告代理公司如何努力，做出来的广告或许永远都不会超出客户的预期。

"女生项目"的窘境

据说，我负责的"女生项目"因为涉及较大的金额，所以公司希望相关工作能受到重视。然而在我接手工作的几年里，我逐渐意识到"女生项目"在广告界似乎并未获得较高的评价。

我还是新员工的时候，很喜欢一款花王①护发产品的广告——"可爱是可以打造出来的"。不是"变得"可爱，而是"打造"可爱，这句广告词瞬间打动了一个 22 岁女孩子的心。但是不知为何，它在广告创意奖中并未获得多少好

① 花王，日本知名日用品牌牌。后文的 earth music & ecology 则为日本最大女装品牌，Lumine 为日本潮流卖场品牌。

评，当时我还想是不是我个人的审美比较独特。

即便如此，如果是非常大的品牌，如 earth music & ecology、Lumine 等，它们的广告就算属于"女生项目"，也还是能获得好评的。而我负责的洗发水、化妆水这类商品的广告，却没有多少获奖的机会。如果是泡面、罐装咖啡和电子游戏这类男性产品的广告，它们要么很搞怪，要么运用了高科技，要么很有意思，这种搞笑的表现形式即便是放在小型广告上，似乎也比女性广告更容易受到业界人士的欢迎。尤其是在 2014 年，丰田公司首次将初音未来 ① 的歌曲用在了电视广告里，在那之后各大公司纷纷效仿，把动漫、偶像等"宅男文化"的产物光明正大地用于广告之中，并且这种做法也越来越受到业界的好评。

如果有一个由女生担任评委的广告奖，"可爱是可以打造出来的"应该能赢得最高奖项吧……啊，不能这么想！快停下！

不能为了掩盖自己的实力不足，就把责任推在别人身上！有时间抱怨，还不如努力让自己成为知名度更高的创

---

① 初音未来是日本 Crypton Future Media 公司企划并开发的虚拟歌手，也是世界上第一个使用全息投影技术举办演唱会的虚拟偶像。

作者，这样就会有人请我去接些可以搞怪耍宝的"男生项目"！于是我振作起来，重新投入工作之中。

话说回来，"男生项目"真的在业内更受欢迎吗？在那之后，这个疑虑就一直在我脑海里挥之不去。在商谈时，男同事偶尔会提出这样的企划案——让女明星摆出一个露骨的姿势或者说一些低俗的台词。虽说在场的人都知道，无论是客户还是明星所属的事务所都不会让这个想法通过，但会议的气氛却能一下子活跃起来。他们为什么会想出这样愚蠢的企划案？即便包括我在内的女同事们表情瞬间冷掉，男人们看起来似乎还是自得其乐。

在我们评估关于明星选择的提案时，有人提到某位年轻女演员的名字。

这位明星不是所谓的绝世美女，而是一个外表看起来很普通的女性。

"有种'枕营业'①的味道啊。"有位男前辈这么感叹。

这个世上真的存在"枕营业"吗？人怎么能为了出名，就向某个大人物提供性服务呢？这是明星主动提的，还是事

---

① 枕营业，也被称为"援助交际"，通常是指女明星通过特殊手段，如出卖身体来获得更好的资源及上位的机会。

务所的人要求她们这么做的？我突然感到了担忧，不知道现
在有名的女演员们是否也曾做过"枕营业"。一些长相普通
的明星不做到那个地步就没法出名，我没想到演艺界竟然是
这样残酷的世界。如果明星"枕营业"了却没有出名该怎么
办，那不是全盘皆输吗？不过，如果本人觉得能接受，那是
不是就还好？毕竟"枕营业"的是自己，那么后果也应当自
己承担。但如果明星是男性，又会是什么情况？外表普通的
男明星，也会被人说是靠着"枕营业"才走红的吗？还是说
人们只会认为他们属于"演技派"或者"个性派"？我越想
越深，最后只得把这个话题放下，重新投入工作之中。

　　一名男员工为一家风俗店写的广告文案"恋人，终究不
过是素人"① 被大家称赞为名作。我没去过风俗店，自然也
想不出他那样的表达方式。我倒是曾把那些以开黄腔或毒舌
出名的艺人讲的段子，还有《周刊 SPA!》之类的男性杂志
作为参考，然后提些有情色意味的企划案，但它们终究比不
过真正的男人写出来的东西。

　　有一次，因为要在纸媒上投放女性商品的广告，我便非

---

① 素人，在日语中既指没有经验的外行，又指与艺伎、娼妓相对应的普通
　女性。

常卖力地写广告文案。在我加班到深夜准备回家时，上司过来鼓励我：

"我可是很期待的。**你要写出只有用子宫才能写出的文案来！**"

我相信他说这话并没有恶意，他只是希望我想出一个男性无法想出来的表现方式。但是，用子宫写文案是个什么意思？对还没有生过孩子的我来说，我算不算得上是在用子宫写文案呢？

"恋人，终究不过是素人"这句文案，难道是男同事用男性器官写出来的吗？而男同事们经常泡在吸烟室里谈工作，所以也可能存在"用香烟写文案"这种说法。但是，用子宫写文案又是怎么回事呢？

在那个周末的两天时间里，我都去公司加班想文案，但当我回过头去看自己写的东西，只觉得它们都很拙劣。我看不到任何熠熠生辉的语句。

明明花了那么多时间在上面，为什么想出来的全是这么无聊的东西？最后，那条广告并没有充斥着"像是用子宫写出来的"文案，相较而言，它的文案更像是光滑的"阴道分泌物"。

我一直以从事"女生项目"工作为荣，但考虑到作为创作者的将来，我慢慢有了一个想法——是否应该做些更容易获得好评的企划，以此来巩固自己的地位呢？

大奖赛

仅凭"女生项目"并不能让我进入聚集了创作精英的群体之中，但如果去做那种有可能获奖的"有甜头"的工作，我就会有大量竞争对手，如果自己的战斗力太低，企划案就无法通过。既然这样，那就只有一个方法，即在不受大家关注的领域里做出成绩——我开始有了这样的想法。

我与那位曾在深夜和我一起清理办公桌的 E 前辈组成了一个团队，为全新领域的工作举办学习会，并逐渐提高我们的水平。这份努力跟着开花结果，我们开始获得海外的好评。

在国内奖项的评选中，已经很有名的创作者或客户的作品更容易受到认可，但对海外奖项而言，在日本是否知名并不重要，评委往往会根据作品本身的质量来做出评判。一个由无名小辈组成的团队能做出成果，当时真的让我由衷地感到自豪。

我是获得了国际奖项的团队的成员之一，大家也慢慢改变了对待我的方式。他们开始在商谈中听取我的意见，还将以前从未委托给我的工作交给了我。为获奖而努力工作的是过去的自己，但从获奖后的第二天开始，人们对我的看法就发生了改变，这让我感到不可思议。

与人气创意总监Y先生一起工作，对我来说是一段非常棒的经历。他不会用"你这方面不行"之类伤人自尊心的批判，来打击你的积极性。

他会问些问题，像是"要怎么做才能改善这个企划案呢？"然后费尽心思告诉对方企划案需要改进的地方。当他接连举例说"像这样接着做也可以，像那样继续做也行"的时候，我意识到自己曾经被多么狭隘的想法束缚，同时也认识到创意中存在着无限的可能性。Y先生还说了一些让我很在意的话：

　　"我觉得笛美你是女生中很少见的、有趣的广告策划。其实我真的很想把工作交给女孩子做呢。以前我也想去培养几个人，**可是女孩子一结婚或生孩子就辞职走了**。这样的情况发生过好几次，每一次我都觉得好失望啊。"

　　是啊，辛辛苦苦培养的人中途就不干了，这确实会让人遗憾吧。

　　"是吗，不过我不管是结婚还是生子，都不打算辞职！"

　　那时候我相信自己是一个特别的女人，与过去那些被宠坏的女孩子不同。

　　我还曾受邀参加一个海外的广告活动。在活动中，可以评估从各国征集的广告作品，可以参加著名创作者的研讨会，也可以在晚上的聚会上与来自不同国家的创作者交流。在与来自亚洲国家的创作者们喝酒时，我临时问了一个自己感兴趣的问题：

　　"在日本我们会加班到凌晨一两点，你们在自己国家也加班吗？"

　　当时只有韩国的男创作者回答"我们会加班到凌晨三四点"，其他国家的人都表示基本会在晚上八点前下班。

在这次活动中，我们接受了海外媒体的采访，采访内容与亚洲广告界中的女性地位有关。和我在一起的一位印度尼西亚的女性这么回答：

"遗憾的是，在我的国家没有性别平等之说。事实上，广告奖的评委应该男女各占一半，因为即使是同一个企划案，男女的评价也会有所不同。"

听到这个看似沉稳温柔的人说出这样自大的话，我从心底感到震惊。她为什么要这样说呢？评委明明可以不去考虑性别，而是依据实力做选择，轻易增加女性评委的数量怕是行不通的吧。媒体给我抛来了同样的问题，我也做出了回答：

"我认为在我们公司不存在性别歧视的现象。无论男女，大家都受到平等对待。"

后来我才了解到，印度尼西亚是一个性别差距比日本还要小的国家。即便如此，那位印度尼西亚女性仍然感受到了性别歧视，而我作为一个日本女性，却否认了这种歧视。这究竟意味着什么，当时的我还一无所知。

男性社会的"气穴"^①

　　即便是在我们这个长期缺乏女性的部门，女员工的数量也在缓慢增加。我还是新人的时候这里只有两个女员工，但现在有六个了。据说打"时间战"是一种男性化的工作方式，但是在我身边，连深夜或休息日都在工作的反倒是单身的女创作者们。

　　我在休息日上午 10 点左右去公司后，女孩子的数量会逐渐增加，到了午后大家会互相招呼"去吃午饭吧"，然后一起出去。那成为我个人的一段自我疗愈的时间。在这个超

————————

① 气穴（air pocket），指低空气密度或下降气流的局部区域，会导致飞机高度突然下降。

级男性社会之中，存在着那样一个小小的"气穴"。

在广告创意界，无论男女，大多数人都有一种向上攀爬的野心，包括我在内。可是有一个人的生活方式却与此截然不同，她就是来自其他部门的艺术指导小J。

她看起来恬淡寡欲，待人却彬彬有礼。

与其说她心无旁骛地工作是为了干出业绩，不如说是单纯为了把手头的设计做得更好。有些创作者会拒绝做繁重的工作，小J却从未拒绝。

她加班到比谁都晚，休息日也都在工作。即便如此，小J也没有丝毫的倦容，她着装得体，办公桌也收拾得很整洁。

我和小J在一个团队工作的时候，无论是竞标方案还是自主提案，她总能给我一些很有品位的艺术指导。**她不会给外部的设计师施加莫名其妙的压力，也不会拼命去讨好别人，而是直截了当地告诉他们"这里请这样做"，表现得果断又帅气**。她似乎也很受制片公司的欢迎。

原来，就算不变成所谓的"女中豪杰"，也可以把自己的想法充分传达给对方，脚踏实地地工作。当时的我一心想成为知名创作者，眼里看不到其他的路，是她让我知道，创作者还有另一种工作方式，既不用和人一争高下，也不用去自我卖弄。我真希望可以一直和小 J 一起工作，不过如果哪天她结婚了，我们应该就很难在晚上或者休息日一起加班，一起吃午饭了吧？

从"女生项目"到"妈妈项目"

　　女性创作者还年轻的时候，会被委以"女生项目"，在这之后，则会向"家庭主妇项目"和"妈妈项目"转变。而我本人，也已经到了要同时进行"女生项目"和"妈妈项目"的年纪。明明是面向妈妈的商品，会议室里却只有我一个单身女性，其他的全都是男性。我突然很好奇：为什么这家公司里的"妈妈级"创作者这么少？

　　人们总是用"家庭主妇"几个字来一语概括，那么家庭主妇具体是指什么样的人呢？有20多岁的家庭主妇，也有70多岁的家庭主妇；有还在工作的家庭主妇，也有全职的家庭主妇。为了了解目标受众的感受，我研究了与家庭主妇相关的调查数据，也听取了朋友和熟人的意见，但还是很难把握所谓的"家庭主妇"的实际情况，毕竟我都没什么机会见到这一类人。

尽管如此，我还是把家庭主妇笼统地想象成像海螺小姐、野原美伢和樱桃小丸子的妈妈①那样在厨房做饭、打扫、晾衣服的女性。那是由全职主妇、丈夫和两个孩子组成的"普通家庭"。不过，听说现在双职工家庭也在增加，那么传统的家庭主妇是不是就变少了？这些想法在我的脑海中一闪而过，只是我没能很好地用语言表达出来。

另一边，团队里的男成员们经常拿自己的妻子举例说："家庭主妇就是这样的。"我觉得他们似乎比我这个单身事业女强人更了解家庭主妇这类人。而且，这些男同事还拥有一个我没有的小家庭。

话说，既然他们要拿自己的妻子举例，那为什么还要特意叫上单身的我呢？与其这样，还不如把他们的妻子都叫来

---

① 海螺小姐、野原美伢和樱桃小丸子的妈妈分别为日本知名漫画《海螺小姐》《蜡笔小新》《樱桃小丸子》及其衍生品中的家庭主妇的角色。

参与商谈，那不是更好吗？啊，不行不行！别胡说！一个专业人士应该能应对任何目标人群。能把这个工作交给我，我就该心存感激。于是，我把真实想法一股脑地塞了回去，然后继续推进工作。

当我在为"妈妈项目"做明星调查的时候，突然想到一件事——活跃在广告中的一二十岁的女明星数不胜数，但是等她们到了30多岁，仍会如此活跃吗？虽说30多岁的女明星也不是没有，且其中很有限的一些人成为"妈妈明星"或者"美魔女"①，但总的来说，她们上电视的机会是在不断减少的。

我觉得不仅是明星，出现在大众传媒广告中的中老年女性似乎原本就不多。如果你看电视，就会发现中年男明星总和年龄相差悬殊的年轻女演员演情侣。是因为中年女性没有市场需求？是因为她们不上镜？还是因为她们的话题性在下降？

上了年纪的女明星会走向何处？

像我这种上了年纪的女创作者，又该何去何从？

---

① 美魔女，是日本光文社发行的时尚杂志《美 STORY》中的自创词，指的是 35 岁以上才貌双全的成熟女性。

广告界的灰姑娘

"你真是广告界的灰姑娘啊。"

在某个项目的商谈结束后，男创作者 C 前辈这样对我说。当时的我已经开始频繁收到邀请，去做一些可能得奖的、"有甜头"的工作。那是我和 C 前辈的第一次见面，他完全不是那种"体育人"，而是给人一种中目黑 ① 般的感觉。在他把我叫作灰姑娘时，有那么一瞬间我莫名感到开心。"灰姑娘"这个名字，读起来就很好听吧。我的外表和性格与公主相差甚远，可是能被当作女孩子对待，我仍然觉得很

① 中目黑，是日本东京目黑区的一片精致优雅的街区，同时也是赏花名所。

欣喜。

　　然而下一刻，我却为自己感到不好意思。被上司（等同于王子）一眼看上，顺顺当当变成公主的灰姑娘——如果他是想说我运气好，可以用"稻草富翁"① 来打比喻，**为什么非要用"灰姑娘"呢？这是不是说明我不仅在工作上，在女性魅力方面也让他一眼看中了呢？**

　　"别人是觉得你可爱才会找你做事"，"笛美你靠的是'女色'"，"笛美你都没尝过苦头"，周围的前辈们曾这么说我。只是我没想到连初次见面的 C 前辈都觉得我是这样的女人。C 前辈学历高，做的企划也很有意思，即便当时还不出名，我也认为他是我见过的男创作者里最顶尖的一位，非常有实力。他这样一个有大好前途的人，本来可以完全无视我这种靠"女色"上位的小角色，可他为什么要对我说那些话呢？

　　C 前辈有个当全职主妇的太太，他应该也会要她生个孩子吧，以后他们也可以一直待在城堡里。我现在虽然被叫到

---

① 稻草富翁，日本的民间传说，讲述一个穷人通过最初的稻草以物换物，最后变成富翁的故事。

城堡里来了，但是结婚生子之后，我会变成什么样呢？

　　站在悬崖边的灰姑娘，穿的礼服再怎么漂亮，脚上的玻璃鞋也会很快坏掉。

第二章

大叔型社会与「婚活女」①

---

① 婚活，指以结婚为目的的一切活动，如相亲、约会等。婚活女则指那些渴望婚姻生活，积极参加各种婚姻活动的女人。

更高一些，更低一些

"高学历、高收入、广告代理公司的创作者"——如果我的个人资料里性别为男，我相信自己会受到不少女性的欢迎，并且现在应该已经有漂亮的妻子、可爱的孩子甚至是情人了吧。但是同样的个人条件，性别一换，命运就会变得全然不同。

即便是站在同事的角度去看，我也依然认为广告界的男性对异性来说颇具魅力。他们善于沟通，会保持基本的整洁，其中不乏出类拔萃的帅哥和时尚先生（虽说也有人不是这样）。他们的恋爱对象，似乎都是空姐、模特、漂亮的女

接待员、派遣员工、在六本木俱乐部玩的女孩子这类标签化
的女性。

　　她们看起来都有十足的"女子力"①，让我觉得自己低人
一等，但当我和男同事们一起嘲笑她们，听他们讲联谊后
把女生带回家的故事，半夜也能随叫随到、对男人千依百
顺的女生的故事，找"小姐"时和"地雷女"②快活，以及
玩过的女人变成跟踪狂之类的故事……我又会产生某种优
越感。

　　为什么他们不满足于一个女朋友，要和那么多的女人
风流快活呢？我曾经有过这样的疑问。不过人们都说英雄
难过美人关，主动靠近自己的女人，应该很难拒绝吧。他们
性格友善，对我这样的平凡女人也会给予关心，这种时候我
会高兴不已，毕竟他们个人条件虽然和我的一样，却是我可
望而不可即的上等男人，而这样的男人竟然就存在于我的
身边。

---

① 女子力，是表现女性魅力时使用的词语，主要指展现女性特有的姿态和
　魅力。
② 　地雷女，指外表看起来楚楚可怜，实际上拥有"地雷"般的性格，让
　人无法忍受的女性。

进入公司好几年了，我仍然没能交到男朋友，于是我去读了一些很受欢迎的书和与恋爱相关的文章，学习了肢体接触、抬眸、“可爱五连杀”① 等让男人怦然心动的“斩男术”，就连受他们喜欢的穿着和妆容，我也研究了一番。

公司里有一位 30 多岁的前辈，大家都说她工作能力强，连女性都很喜欢她。于是我便试着问她怎样才能让自己更受欢迎。

“可能笛美你没给人留空子吧。”

“哎，什么空子啊？”

“就是让男人觉得有空子可钻的‘空子’呀。比如约会的时候，你可以穿那些有处女感的毛绒衣服呀。”

“处女感”这个词让我大吃一惊。**前辈似乎认为处女是具有表演价值的东西。**

“你要先喜欢上自己才行哦。如果你不喜欢自己，怎么能指望男人来喜欢你呢？”

---

① 可爱五连杀，分别指的是用积极附和的态度向对方表达敬佩、用假装不知道来表现自己的呆萌、用略夸张的表情和动作夸奖对方、称赞对方有品位、做出恍然大悟的表情或动作来表现自己的可爱。

是啊，还是先喜欢上自己吧。我把前辈可贵的建议谨记于心。

当有男同事夸我"你变漂亮了""你有女人味了"，我会喜不自禁。不过，他们会有这种反应，与其说是因为我展现了女性的姿色，不如说是因为穿着、妆容、发型这些后期加工的地方吧。即便如此，被男性夸奖我的加工水平，也没觉得有什么不好的。

我曾经很喜爱复古装，但后来我终于意识到它们并不受男人的欢迎。有一次，我久违地去了学生时期喜欢的位于下北泽的古着店，并试穿了一件复古风连衣裙。我随口念叨道："不过，这种衣服好像不受男人欢迎。"

店员小哥回答：

"像那种以貌取人的男人，不理会也罢呀。"

现在回想起来，他是想给我一个特别重要的提醒，但当时的我还无法接受他的价值观。喜欢我的男人本来就少，我何必还要用复古装来让他们躲得更远？我不受男人欢迎，你能负责吗？反正你也会和别的男的一样，在心里把我当傻子，不是吗？

　　尽管我知道公司里的男人对我没意思，但随着时间的推移，我渐渐发现公司之外的男性对我也是敬而远之。在我参加学生时期的朋友的婚礼时发生了一件事，让我更加坚信这一点。

　　当时我穿着从一家叫 AIMER 的礼服店买来的柠檬色礼服，在美容院做了一个有蓬松感的发型。总之就是如果别人对我一无所知，仅从外表上看，我虽说不是美女，但至少也应该是个普通女孩子。新郎那边的男性朋友，想把我和一个男人撮合在一起。

　　"这家伙可是精英哦，是好老公人选呢。"

　　对方说他在我们行业的竞争对手公司工作。

　　"笛美小姐你在哪里工作呀？"

　　我一说公司的名字，男人们瞬间尴尬了，因为我所在的公司比对方的公司规模还要大。其实我并不喜欢那个男人，或者说我也不想找一个因这种事就退缩的男人，但是……穿着这么可爱的裙子，做了这样有蓬松感的发型来卸下武装，结果我的职业却成了枷锁，没人对我有兴趣。

　　我在过去的酱油店广告中看到过这样的文案：

"那个人的家世和学历，都比不过我的金平 ① 。"

看到这句话，我脑海里浮现出这样一个故事——为了不让家境显赫、学历高的女性夺走男方的心，普通家庭的女生只能一个劲儿地做金平。虽说我的家世与显赫毫不沾边，但在世人看来，我应该属于那种会被做金平的女孩打败的一方吧。

即便是在电视剧和小说里，思想独立的职业女性最后往往还是会输给顾家的女人。但相比之下，我本以为自己更可能成为一个做金平的女人，结果为什么会走上这条路呢，明明我从来没做过这方面的打算。

"如果你不在 A 公司工作，至少会受普通制造厂的男人欢迎吧。虽然可能找不到高富帅，但我觉得至少那样你可以拥有平凡的幸福呀。"有位男同事曾这样对我说。

在拼命工作的男同事们眼里，我根本不像个女人。**他们理想的对象，是那种一个劲儿地给他们做金平，即使工作也不用加班，顺便还要有个模特般外表的女人。否则，他们就无法维持这种加班加点只为往高处爬的生活方式。**我觉得他们并没有恶意，只是对现状有清晰的认识而已。

———————

① 金平，即日本家庭的常备菜金平炒牛蒡，一般将牛蒡、胡萝卜等蔬菜切丝后，加入酱油、砂糖等调味料进行翻炒。

比我条件好的男人不选我，比我条件差的男人也不选我。既然如此，我就必须用超凡的女子力来弥补我过高的条件。我不要单单成为一个职业女性或者一个金平女，我要成为能兼具两者的人。

在工作上，我要站得更高，表现得更强，变得更有趣甚至是古灵精怪。

在婚活中，我要姿态更低，表现得更弱，显得更和蔼可亲甚至是傻气。

社内结婚的差别

我身边的男前辈和男同事们，相继和那些连身为女性的我都未曾见过的，天仙般美丽温柔的女人结婚了。这些太太走进家庭，似乎都是为了照顾前辈们的生活起居。即使结婚了，前辈们的生活方式也没有什么改变，仍然和单身时期一样加班到深夜，去便利店买吃的或在外就餐。

男同事们也开始对我说："你也该结婚了，不然可就麻烦啦""女的单身可是很惨的哦""到了 30 岁，卵子就老化啦"。

由于新闻经常报道卵子老化的事，我很早以前就知道了这些。

"你这么说我，那你自己呢？"我问他。

"男人过了 30 岁也能结婚，就算是 70 岁也能有孩子，所以不用担心呀。"对方回答。

有个女同事怀孕了，我听别人在背后议论道："她怎么偏偏在这个时候怀孕？"将来我怀孕的时候，也会有人在背地里这么说我吗？

如果我结婚了，生活会变成什么样子呢？我回过头来想了想我家的情况。我的父母都是上班族，虽说母亲很少加班，但也做着全职工作，即便这样她每天还是亲自下厨，打扫卫生、洗衣服这些家务也一样不落。奶奶也在家里帮忙照顾我们。至于父亲，我记得他虽然很疼爱我们，却几乎不做家务，只是看看报纸和电视。

如果换作是我结婚生子，情况会变成什么样？老家离我这里很远，家人难以帮忙，而且和母亲不一样，我的工作需要加班，甚至是经常加班。如果我生了孩子，就得从事"育儿"这一项目 20 年不间断。我现在的工作已经很辛苦了，因此老实说我不觉得自己能把育儿这件事一直做下去，甚至连想想都觉得可怕。

我在网上搜索了一些又工作又带孩子的女性榜样，看到一位女高管的故事。她在大企业担任综合职，还养育了两个孩子。每天早早起床，等孩子睡着了再工作到深夜，成功避免让生活变得一团糟。**这个人应该是个女超人吧。但我只是个凡人，不可能一边维持现在的工作，一边照顾家庭。**

也有人跟我说，"结婚不能细想"，"结婚要靠冲动"。话虽如此，我是要找一个与自己共度几十年人生，并且可能还要一起养育孩子的人，我不想只凭一时冲动做决定。否则如果婚姻不顺利，最终离婚了，那就太丢人了。

那么，我要一直过着以工作为中心的人生吗？的确，我热爱工作，也认为工作是我的天职，但是一天24小时都想着工作和拿奖，这样的生活我真的想过一辈子吗？即使做出了一部热门作品，也无法在竞争中获胜，我得一次又一次地、持续性地做出热门作品才行。没有人做我的后盾，我只能自己为自己加油助威。那些男创作者都有做全职主妇的太太支持，我有能力和他们较量吗？

难道说，我既不能成为工作养家的男人，作为承担家务和育儿的女人也是个瑕疵品？不过有一点可以确定，那就是如果想生孩子，就会受到年龄的限制。正因为自己是有瑕疵的女性，才有必要利用自己 20 多岁能生孩子这一点，在婚活市场上稍微凸显一些个人价值。在工作上站稳脚跟，找到伴侣然后怀孕，这些都必须在 20 多岁的短短几年内完成……这简直就像是有人给我扔了颗定时炸弹。

为什么只有女性被迫承担起在年轻时生育的责任？为什么只有男性可以在结婚生子之后也不改变生活方式？如果没有年龄的限制，我希望过怎样的生活？那时候的我，基本没往这方面去想。

希望有人能发现我 ❀

在20多岁的短短几年里，我必须在工作上做出成绩，并且结婚生子。

可我在日常生活中没什么认识人的机会，转眼几年过去了，我一直没交到男朋友。再加上我平时持续加班疲惫不堪，因此周末也不约朋友一起玩，而是基本在睡觉中度过。

偶尔的联谊则更是千年难遇。本来我就因为加班，很少有时间参加联谊，再加上我还发现，像我这样的人好像被大家视为女生的"变种"，即"事业女强人"。我走进联谊会场，和可爱又"普通"的女生走进联谊会场，男性的反应截然不同，这一点我也一清二楚。

经常有人跟我说，**"笛美你看起来就很能花钱"**，这让我特别在意。我想他们一定是担心我工资高，生活水平也高，所以对男人来说很难养活。我压根就没想过要男人养，为什么他们和我说话总是要以养我为前提。为了不让男性觉得我是在显摆以至于对我失去兴趣，我有意不去提海外旅行、买名牌、在外就餐等生活方式，或者假装不懂那些，努力让他们觉得我是一个踏实可靠的女人。虽然 LINE 上的联系人越来越多，却没人和我之间有真正意义上的"联系"。

每当我在毫无安排的周末醒来，就会被强烈的自我厌恶侵袭。如果我不再年轻，就没有价值了。不管我有什么样的工作或者内心世界，不结婚的话，就只有悲惨的未来在等着我。我明明也很清楚这些，为什么不做点什么呢？我甚至感觉每次来例假，自己生孩子的机会都在变少。

有一次，我去商场的化妆品柜台时，美容师姐姐给我化了个特别漂亮的妆。

"太漂亮了，都想把你拐回家了！"

听她这么一说，我照了照镜子，发现自己有着小鹿般圆圆的眼睛、粉红色的脸颊和红润的嘴唇。虽说难得化了这种妆，但我本质上还是个带着定时炸弹的、让男人兴致全无的高学历事业型女强人，甚至都没人多看我一眼。我就像是装饰在空无一人的房间里的盛开的花。太可惜了。我觉得自己太可惜了。

真希望有人能发现我，能注意到这个在高学历事业型女强人铠甲之下的"普通女孩"。

我有足够自己一个人生活的收入，没必要为了钱而结婚。我是为了提高自我形象，不让人觉得我是个"大龄剩女"，才想结婚的。与其说我想成功，不如说是不想失败。

"笛美你可不要像我这样啊。"

我中学时期的恩师曾这么对我说。那位老师一直单身，她看起来很享受人生，这也就是为什么她的这句话让我颇感意外，并且一直在我脑海里回响。

考试、工作、结婚、生子，这才是正常人应该走的正确路线——我不知道是在什么时候认识到了这些。我也很担心不结婚的话，"老处女"这个身份会影响我在工作上获得的声誉。

很早之前我就意识到，自己不是和谁都可以结婚的，对方还得有不错的学历、收入和外表。然而不考虑社会地位等，只想单纯地去爱某个人，这样的心情我也是有的。

有关晚婚化和少子化的新闻常让我叹息不已，而诸如"官方婚活"这些活动也逐渐成为热门话题。我听不进其他的政治新闻，但毕竟结婚和我这一代人有关系，所以听得非常起劲。国家对婚活给予实质性的认可，这帮我缓解了在找结婚对象这件事上的抵触情绪。结婚也好，生孩子也好，都是为国家做贡献，不是什么丢人的事。

说起来，我们从小到大，都在被花费庞大预算的结婚营销不断"洗脑"。情歌、少女漫画、迪士尼公主、电视剧和电影，它们也都在向大家宣传——结婚是幸福的。**即便是在广告中，结婚生子也被描绘成幸福人生的具象，就连我自己也在广告中展现过这样的故事。我也想走这样一条人生捷径，想拥有这种被世人认可的幸福。**

如果做不到呢？那么我将会被推入"悲惨女人之崖"吧？可是，我绝不想掉入一个连广告和电视剧里都不会出现、阳光照耀不到的单身中年女人的世界，也绝不愿意从聚集着耀眼男女的舞台跌落，掉入阳光到达不了的地狱最底层。

　　我从小就只擅长一件事——努力。无论是考试、社团活动还是找工作，只要我努力就能取得超出预期的成果，不辜负父母和老师的期待。像我这样的人，成功结婚生子也应当是理所当然的事。

　　为了结婚，我要尽最大的努力！既然我不想绕远路，那么就以最高效的方式来建立以结婚为目的的恋爱关系吧。不过，请别人帮忙介绍，就好像没办法靠自己找到结婚对象似的，让我觉得很丢人。朋友也常说："给笛美介绍合适的男人太难了。"那是因为自己作为女人的价值太低了，当成男人价值又太高了吧。既然如此，倒不如请专业人士来帮我，那不是更有效率吗？

　　于是，28 岁的我花了 30 万日元，成了一家婚姻介绍所的会员。

婚姻介绍所 🌸

第一次在婚姻介绍所咨询时，顾问老师对我说了这样一番话：

"女人到了 30 多岁成婚率就会大幅下降，所以你在 20 多岁就开始行动，这是很明智的选择呢。""年收入最好写得比实际收入低哦。"

一周后，我去网上预约好的摄影工作室拍摄婚活用的个人资料照片。当时我还很后悔自己是短发，想着要是留了长发就好了。

然而也不知道是什么原因，平时拍广告照片我明明那么兴奋，拍自己的婚活照片我却不那么开心了。摄影工作室的男摄影师说：

"你才20多岁就开始参加婚活……真的有必要吗？"

这个人在瞎讲什么呢，我心想。

"你这么说我，是因为你不了解我。我可是谁都怕的事业女强人，哪有认识男人的机会啊。再不快点，我的卵子就要老化了。你在这里说什么风凉话？"我在心中咆哮道。拍好的照片中的那个人看起来很温柔、很顾家，那是一个我完全不喜欢的自己。

我觉得很多人说想要和我见面，是被我20多岁的年龄吸引了。有时我一天要见三四个人，到了后面连谁是谁都认不出来了，忙得不可开交。不仅如此，还有50多岁的男人也请我去和他相亲。但即便我当时只是个20多岁的小姑娘，**我也知道这些人只是被我的年轻吸引，并不是被我这个人吸引。**

令我惊讶的是，居然有那么多的人连最基本的聊天都不会。虽说我提问的话对方也会回答，但他们面对我时要么提不出任何问题，要么为了不尴尬冷场一个劲儿地尬聊……

他们需要的不是女性，而是沟通培训师吧？话说就算不考虑结婚的事，他们也需要和日常生活中的女性，至少需要和人接触吧？

在问到对方为什么要在婚姻介绍所登记时，我发现有的人是像我这样在工作中没什么机会认识别人，也有很多人是因为家人给的压力才来的。我渐渐对他们产生了同情，但同时我也抱有疑问——把结婚当作解决自己人生课题的工具，这么做合适吗？

不知为什么，婚姻介绍所介绍的这些男人身上并没有幸福的味道，我想我的身上也没有。

我还意识到一件事：**要想让男人追求我，我就不能和他们处在平等的地位**，而是要尽力向他们展示自己的地位有多低。

向他们暗示到那个地步的话，我觉得他们就能安心地凌驾于我之上，安心地追求我了吧。

工作日我总有干不完的活儿，这就导致周末的早晨到来时，我会觉得浑身又痛又乏力。

"想要孩子就得赶紧行动起来！这才是生物的合理行为。"——不知从哪里传来了这样的声音。

　　明明我的心想待在床上，可我的身体却必须出门。为了填补寂寞的休息日，我一直努力参加婚活，却渐渐感到疲惫。有的已婚者说"结婚是人生的坟墓"，而我就像僵尸一样，在婚活市场四处游荡，寻找自己可以走进的坟墓。

　　婚姻介绍所所在的楼层还有英语培训学校，年龄相仿的男女在那里谈笑风生。无论是在职场还是社会上，仪表堂堂、谈吐得体的男人都多得是，为什么我偏偏还要付钱去见那些完全相反的男人？明明大家在一起不开心，为什么我还要对他们摆出笑脸，去奉承他们，最后还要被他们抱一下才行？而且，去婚姻介绍所的事要是被公司的人发现了，大家肯定会嘲笑我的。想要和别人一样结婚，成为一个不让别人觉得丢脸的女人，就一定要悲惨到这种地步吗？

"被爱文"与2channel①

　　"被人爱""受欢迎""女子力"在社会上一度极为盛行。如果你去网上搜索有关找不到男朋友的烦恼的话题，映入眼帘的会是"如何成为被男人疼爱的女人""处境岌岌可危的28岁女白领如何才能结婚""女性的哪些行为会让男性失去兴趣""好厉害，确实如此，我之前都不知道""把男人调教成你想要的样子""事业女强人让男人心动的方法"等。

　　那个时候我还开始浏览2channel，在那里，存在着一个我从未见过的深不可测的世界——

———————

① 2channel，又称2ch，是日本一个可公开讨论各种话题的网络论坛，
　 其用户以男性居多。

"女小学生最棒""萝莉合法化""非处女去死！""我甩了一个 28 岁的老女人""30 岁以上就是工业废弃物"。

原来如此，我过了 30 岁就会变成工业废弃物啊。现在有人宠着我，是因为我才 20 多岁，等我过了这个年纪，人生也就终结了。其他 30 多岁的女性都是工业废弃物，所以她们还不如我。既然如此，我想在上年纪之前就一了百了。

难道真的就像 2channel 上的人说的那样，我要在 15 岁之前就做爱、生孩子才行？虽说我已过了十几岁的年纪，但那也太残酷了吧。如果不想后悔，我就必须在子宫还发挥功能的时候，获得作为女人的成果。我要给男人拼命打气，让他们下定决心和我结婚生子。

但是除我之外，男性似乎还有相当多的选择。

每一年都有比我年轻、可爱、学历低、收入低的女孩子相继出现，男人们可以随心所欲地挑这些姑娘，和她们肆无忌惮地玩在一起。他们甚至还能从偶像、动漫、游戏等领域找到更符合自己想象的虚拟女孩。撇下她们，偏偏去选择上了年纪、个人条件又太高的我当伴侣，这种事可不常见。我必须更努力才行。

女性媒体平台的文章里，写着如何成为让男性觉得好搞定的女孩子；而男性媒体平台的文章里，却写着男人可以肆意对待女性。总结一下两方面的主张就会发现，**女性没有保护自己的手段，她们只知道一种活法，那就是不管男性做了多么让人讨厌的事，自己都只能笑眯眯地接受。**不过女性并没有意识到这其中的风险，还认为恋爱就是这样的，于是欣然接受。她们一边嘲笑男性媒体平台里说的奇葩女和老女人，一边又以女性媒体平台所说的"被男人疼爱的女人"为目标。

对全职主妇的嫉妒 🌸

到了 25 岁之后，我在工作方面积攒多年的努力逐渐开始开花结果。我在竞标方案演示中获胜，也得了奖，感觉自己正在一点点地向想做的工作靠近。

但是，哪怕是在工作上获得成果、受到大家祝福的日子里，我的心里仍然感到一阵刺痛。

"怎么办啊，这么成功的话，我就会变成自大又可怕、没人要的工业废弃物了！"

获奖时，我从同事那里收到了一份礼物，是当时流行的"婚活唇膏"。

"工作顺利的话，接下来就是找男朋友了。"同事说。

婚活唇膏是淡粉色的，据说它能恰到好处地为嘴唇增色，起到吸引男性的效果。由于我总是说"想要男朋友"，所以从不同的人那里总共收到两支这种唇膏。

无论是结婚还是单身，考虑到将来的话似乎还是存点钱比较好。于是，本来毫无人生计划的我也开始担心起来，决定正式开始存钱。我久违地利用午休时间去了趟邮局，在那里办理了定期储蓄的手续。在窗口接待我的也是一位20多岁的女性。我把存折递给她说："麻烦存定期储蓄。"

她的表情一下子阴沉了下来，问我："你为什么会有这么多存款啊？"

为了掩饰尴尬，我回答："我是一半工资都省着，才存下来这些哦。"

"你明明和我一样大……为什么……"

她离开了座位，不知为何，一位男负责人代替她过来了，开始向我推销保险产品。他说什么用保险代替储蓄可以获得更多的利息，但当时我完全无法听进去。

我自然没想过与自己年龄相仿的女性就能拿到与我相近的工资，我只是觉得她们赚的可能只是比我少一点而已。没

想到，我们收入的差距竟然大到让她备受打击。邮局的工作
应该很稳定，工资也一定很稳定，难道实际上并非如此吗？
而且我觉得从男性的角度来看，像她这样的人更容易受到他
们的喜爱。不是说"女人不靠男人养就没有意义"吗？选择
这种生活方式的是她自己吧？既然选择了这条路，就要对自
己负责呀。

　　持续加班之后的某一天，睡眠不足的我迷迷糊糊地去
便利店，看到一位推着婴儿车、年纪和我差不多的女性。她
穿着轻盈飘逸的衣服，盘起头发，化了精致的妆容，正开心
地和她的母亲购物。母亲也特别漂亮，两人长得特别像……
啊，我们公司男同事的那些当全职主妇的太太，应该也给人
这种感觉吧。我觉得她们是被王子珍惜的公主，而我则是侍
奉王子的奴隶。

　　"没关系哦，反正需求不一样。"我的脑海中闪过
Lumine 的广告。

　　明明我是一个人孤零零地在工作，明明我一辈子都无法
从这场战斗中走出来……

　　我的嫉妒还转向了男同事的妻子。我工作的时候，上司

和同事的太太们会在家里悠闲地睡午觉，看综艺节目吗？

她们有优秀又有出息的丈夫，是社会公认的幸福女人吧。男同事和他们的妻子能够成家并拥有子孙后代，我却不能。我连男朋友都交不到，毕竟像我这样的人，是应该被淘汰的劣等人。

现在回过头来看，当时这些想法，就和那些不受欢迎的男性憎恨那些被称作"非自愿独身者"的女性一样，非常可笑——我也是，我所处的社会也是。

像我这样的女性是否就是所谓的"名誉男性"①呢？然而，这里并没有"名誉"那种东西，以当时我的心情来说，用"缺失""缺陷产品""残次品"等词语形容更合适。也许有人会想，既然这么辛苦，那就赶紧辞职吧。可是，自尊心一落千丈的人，哪里都没有容身之地。或者说，在这个世界上，唯有职场是栖身之所。一个培养我、认可我、给我钱的地方，我怎么能舍弃呢？

男性构成了我的世界的主要部分，他们比这个世界之外的女性要真实得多。如果我认为他们的世界很可笑，就等于

---

① 名誉男性，指在男性社会中获得特权或是被给予男性地位的女性。

否定了自己所属的世界。再者，我与男性社会之外的女性接触的机会也太少了。

说起我偶尔接触到的"外面的女性"的信息，无非就是男人们聊的那些话题，像是他们和女友的恋爱故事、OB访问时来的女大学生、太太的抱怨、已经睡过的女人和想睡的女人之类的。现在回想起来，那时候我看到的只有被男性过滤的女性而已。

女性无法过自己想要的生活，这明明是社会的问题，我却把怨恨的矛头指向了在男性社会中扮演其他角色的女性。我甚至不知道，这对于想要分裂女性、让她们无法团结到一起的男性社会来说，简直是正中下怀。

第一个男朋友

——对结婚来说年纪太小

　　在婚姻介绍所里，确实存在有结婚意愿的男性，但我怎么都无法动心。是不是与这里的男性相比，找一个自己社交圈里的男性才是捷径呢？

　　最终，我放下了面子，向公司的前辈们提出了请求："请给我介绍男朋友吧。"就这样，我认识了一位同行的男性，他成了我的第一个男朋友。

　　刚踏入社会，年纪比我小的他，对我宠爱有加。

我觉得，这份宠爱里掺杂着他对年长女性的憧憬。说实话，**我不知道自己是否喜欢那个人**，但他是前辈介绍的，所以我会觉得比较放心，而且就算现在不喜欢，总有一天也会产生感情的。

再说了，那些讲恋爱的书里都写着"培养男朋友"。像我这种低价值的女人，已经培养得很完美的男人也不可能轮到我，既然这样，那就只能自己来打造一个。在他的爱还没有冷却之前，也就是在自己的地位还比较高的时候，我告诉他"如果不结婚，我就不能和你交往"。接着我们就在一起了。

一直以来我都觉得自己一个人孤零零的，这就是为什么当我第一次发现有个可以和自己在一起的男人，我会感到格外安心。这个人可以在我难受、不安时听我倾诉，也可以和我一起在东京街头漫步。

才 20 岁出头的他为了成为和我相配的男人，工作变得越来越繁重，这或许是因为周围的人都在拼命给他打气，让他往这个目标努力。看到他这样，我会觉得他本就没必要超过年纪更大的我。本来我自己就在工作，也没想过要别人来养。但是，年轻人说"我想要成长"，我要是去阻止他，那好像也挺可笑的。

我们朝着结婚的方向迈进了。他把父母介绍给我认识，后来他也跟我回了趟老家。

在回老家的路上，他由于连日的繁重工作疲惫不堪，一直都在睡觉。

在公交车里，我本想让他看看沉入大海的夕阳，也想在车上和他多聊几句，却也因为他睡觉而错过了。按说我们俩是在一起的，我却觉得自己像是孤单一人，最终眼泪也夺眶而出。

父母见到我的男朋友好像很高兴，和我在考试、找工作、事业成功时相比，他们绽放出了更安心的笑容。

可是从老家回来之后，他的工作很快就变得越来越忙，和我见面的机会则不断减少。**他肯定觉得这种忙得"没工夫睡觉"的生活方式很值得骄傲，看起来很帅气吧**——虽说我自己也是这样想的。然而如果两个人都忙于工作，家庭生活会变成什么样呢？试着想象一下和他的未来，我仿佛看到了一个总是忙于工作不着家的男人和一个独自在家带孩子的女人。老家离我这里很远，我自然也就找不到任何人帮忙。我真的能把孩子养大吗？乡下人是不是不应该在城市里生孩子呢？我自己明明也有工作，甚至比他赚得多，可即便如此，如果我不承担照顾他的责任，就不能获得"结婚"这一桂冠吗？

难道说，他身边有很多不用加班、一心想着结婚后就辞职的美女派遣员工？这些随时准备支持他的女人，不是比我更适合他吗？我变得越来越疑神疑鬼，并且总觉得自己是逼他结婚的厚颜无耻的女人，因此也很讨厌自己。

"偶尔你也需要等待。这才是好女人。"

恋爱类的文章虽然是这么写的，但我要默默等到什么时候呢？毕竟到最后，错过结婚的最佳时期，被人看不起的只有我自己啊。

两人难以见面的日子持续了一段时间，他说出了我预料之中的话：

"对不起，我不能和笛美你结婚了，都是我的错。"

第二个男朋友

——无法开口提结婚

　　第二个男朋友是我在兴趣小组遇到的，这也是一个理想的邂逅方式。我觉得比起一味忙于工作的人，能适当享受自己的兴趣或是日常生活的人，在将来应该更容易把家庭经营好。和前男友相比，这个男友的年龄和我更接近，我们应该更容易将对话引向结婚吧？我开始期待着。

　　他的性格沉着稳重，擅长做菜且体贴入微，天冷的时候还会帮我暖手，总之是个温柔的人。对女性来说他并不是人气极高的那一类，但不分男女大家都欣赏他，我觉得自己很有看男人的眼光。

没有工作中积累的知识和自尊，除去那些和他去大自然玩、两人在家里看电视发呆的时间，剩下的时间里我一味依靠着年长的他，变得很空虚。

我不知道要怎么才能向他提起结婚的事。

经常听到有人说一种方法，就是把《皆喜》①放在男朋友的房间里，但我觉得这不是我想做的事。在工作上，我给很多客户做过提案，只不过**在结婚的事情上，由女人来提会让我感到有些可悲**。虽说因年龄大而被逼着结婚的是女人，但我总认为决定结婚的始终应该是男人，这就使得自己只能一直处于被动的一方。

在老家的母亲向我传达了她在报纸上看到的消息：

"亲手做饭是向人表达爱意的最好的方法哦。一生中能让对方吃到自己做的饭菜的次数可是有限的。所以，尽可能亲手为他做饭吧！"

当时的我并没有想过，照它这么说，那男人给女人做饭也是可以的吧？

---

① 《皆喜》(*Zexy*)，日本杂志，主要提供婚礼会场的预约信息、婚礼礼仪等与结婚有关的资讯。

无法开口提结婚的我，只能尽可能和他待在一起或者试着为他做饭，除此之外我想不到其他逼迫他的方法。我希望他能和年轻的我待在一起，这样两人就能更了解彼此，能让他想象和我在一起的生活，这样是不是就会朝结婚更近一步。可是，我渐渐发现每周去他家这样的日常变得像例行公事，千篇一律，而他在 LINE 上对我的回应也越来越冷淡。

有一天，我发现他无视我在 LINE 上发的消息，却把和朋友出去玩的照片发到社交网络上，于是我终于爆发了。

"你为什么不见我，却去见朋友？你应该邀请我啊。"

"你这样真让我觉得喘不过气。"他回答。

这是我在恋爱中最不想被别人说的话。

"笛美你没有自己的兴趣爱好吗？我本来还以为和你交往，我会在工作之类的地方得到更多刺激呢。"

我备受打击。

其实在和他交往期间，我在工作上取得了更大的突破，获得了梦寐以求的广告奖，工作上状态极佳。

然而我不想在他面前提工作上的事，不想被他视为竞争对手。我想做一个平凡可爱的女人。而且我在职场中身处高位，在婚活中却是低人一等的，因而**我觉得不能在男人面前**

摆出一副高高在上、大谈工作的样子。另外，他说的兴趣爱好又是什么？如果有发展兴趣爱好的时间，我更想把精力放在婚活上。

在一些很受欢迎的文章中写着"能独处的女人就是好女人"，但一直独处的话是不可能结婚的。

或许他只是想多相处一段时间。那要不要让他看看全新的进入工作模式的我，再跟我交往看看？不，不，这是行不通的。

我去了那个常去的家，向他提了分手。

虽然他嘴上说着"没必要分手"，但我已经对他断了念想。我是要直面"卵子老化"问题的人，根本没有大把时间跟他相处。而且，现在把青春献给他，然后过几年就被他甩了？还是免了吧。

回去的时候，风刮得门砰的一声关上了。

据说，晚婚化是因为女性踏入社会了，可原因真就只有这个吗？我周围的职场女性，对婚活和备孕都很热心。如果女方想办法逼着男方结婚，就会被人嘲笑"太拼了"。如果男方一直不提结婚，女方就会被人说成"没有看男人的眼光"。要是两个人一直不结婚，又会被人以"晚婚化和少子化的原因"为由进行批判。而如果女方因心烦意乱而精神状

态恶化，就会被嘲笑是"郁娇"①"地雷女"。总之无论走哪
条路，都会受到抨击。

　　……简直是无处可去。

———————
① 郁娇，形容有强烈被爱欲求、会自我伤害、精神不稳定的女性。

第三个男朋友

——虽然有结婚的想法

　　无论是在婚姻介绍所遇到的男性，还是在现实生活中遇到的两个男朋友，我都没有和他们步入婚姻的殿堂，那时我已经快 30 岁了。果然，向男人提出结婚不是那么容易。我开始想，如果遇到有意愿马上结婚生子的男性，有关结婚的话题是否会进行得更顺利。

　　于是，我把目光投向了农民相亲会。经常听新闻说农民找不到媳妇，关于农村的相亲节目也成了一时话题。由于农民本就面临缺少继承人的问题，因此应该不需要我来提，他们就会急着想要孩子吧。

我是农民家的孩子，也不排斥干农活。奶奶和爷爷一起在乡下种植新鲜的蔬菜和水果，制成蔬菜干和咸菜，我觉得那才是凝聚女子力的生活方式。我想和心爱的他挥汗劳作，在蓝天之下享用饭团。我想生很多孩子，在当地将其抚养长大。

实际上，我之所以会这么想，也有部分原因是自己在工作中产生了倦怠。

无论我取得怎样的成功，拿了多少奖，我都无法喜欢上工作时的自己，毕竟那只会让我成功地变成一个让男人敬而远之的可怕女人。广告什么的只是毫无用处，缺乏坚实基础的行业。

每年都会有年轻可爱的女后辈进公司，想要威胁我的地位。而每当看到获得成功的同事或后辈，我的心就会怦怦直跳，神经紧绷。

虽然我一天的大部分时间都和公司的大叔们一起度过，但他们有家可回，我却没有。

那么，如果工作地点是家庭呢？

如果能为最爱的他工作，那该有多好啊！比起广告这种讲空话、套话的工作，我更想顺应国家正在推动的地方创生①潮流，成为对地域活性化有帮助的人。比起一直坐在办公室里，我更想挥汗劳作。与其在公司上班，不如在乡下悠闲地养育孩子，这样的人生更丰富多彩，对解决少子化的问题也更有贡献。

从市中心出发，两小时左右后，我来到位于农田正中央的农协办公楼，参加在那里举办的相亲会。

婚活产业基本是以传统的性别观念为核心发展起来的，而那场相亲会是我参加过的最具"昭和感"的一次。

一开始是农协的大人物、当地名流的寒暄，之后男女开始轮流进行几分钟的对话，就像回转寿司一样。牵手成功的情侣会在众人面前被隆重公布，毫无隐私可言。参加者几乎都比我年长很多，其中还有50多岁的人。我和其中一位还算年轻的苹果种植户组成了情侣。和其他参加者相比，我和他聊天聊得更开心，他的笑容尤其可爱，还有一双黑曜石般圆溜溜的大眼睛。我甚至有种非他莫属的感觉。

---

① 地方创生，指为了缓解东京人口集中现象、解决地方人口减少问题而提出的提升日本整体活力的一系列政策，也被称作"地域活性化"战略。

我忘不了他第一次来我公寓时说的话：

"笛美，你就孤零零一个人在这个小房间里住吗？这么可爱的女孩子，就一个人待着？"

明明我们的年龄、职业、成长环境都不一样，为什么他却能明白我想说的话呢？

那个被高学历、高收入的铠甲包裹着的，孤身一人、黯然神伤的女孩，被他这样一个人发现了。他每天都在 LINE 上说喜欢我，我也回复说"我也喜欢你"。不管工作有多辛苦，和他在一起时我的心情就会变得明朗起来。

他曾说过，苹果是众多的农作物中最让人费心费力的。不过，他的苹果地是几代人传承下来的，虽然也很辛苦，但发展得很好，现在收入比工薪阶层还要高。不仅是家业，连照顾老一辈和培养接班人的重担也都在他身上。

我喜欢的人说他也喜欢我，想和我结婚。这是一种多么安心的感觉啊。他的话对我来说简直像做梦一样。我觉得很不可思议，为什么这么优秀、对结婚也很积极的男人到现在还是单身呢？

我们经常谈论未来的事。比如我结婚后也可以继续工作，两个人不住在一起也行，或者在车站附近买一套公寓住着也行。我告诉他我是做广告工作的，哪怕农活做得不顺，我也能有稳定的收入，而且也能帮他给苹果做些宣传之类的。我曾好几次向他提议说周末去帮忙做农活，他每次都拒绝道："不用啦，笛美。"

他很快把我介绍给了他的家人。在餐厅里，他的父亲问我："你有成为农民家媳妇的心理准备吗？"他替我回答："笛美在上班，所以结婚了也要继续工作呢。"我则说："我也会尽我所能帮忙的，在广告上我应该也能帮着出力。"

他对生孩子的事也很积极。

"笛美你马上就 30 岁了。要是成了高龄产妇，生下有缺陷的孩子的风险会更高。赶紧生孩子吧，我要配种咯！"

当时我很佩服他对高龄产妇这么了解，现在想来，他大概是从母亲那里了解到的吧。

但是关于孩子的事，我们也有意见不一的时候。我一直认为把孩子送进保育园是理所当然的，但他却说**双职工家庭里"孩子太可怜了"**，我还一度怀疑自己听错了。他会这样想，好像是因为孩提时代他的母亲忙于家里的农活，让他备感孤独。

"我也是双职工家庭的孩子，出生没多久就被送去保育园了，但我从来没觉得自己可怜呀！相反，我还为妈妈的工作感到骄傲呢。**要是为了孩子辞去工作，那妈妈不就很可怜吗？**"

我意识到，同样是双职工家庭的孩子，我们的想法还是会不一样啊。但为什么父亲工作不是问题，只有母亲工作才是个问题呢？当时的我完全没有意识到这一点。

有一天，他突然说："我们去找房产中介买房子吧。"他之前一直住在老家，按理说应该从来没找过房产中介帮忙看房子。

"我租房子也可以呀。我们不用今天决定，了解一下行情就行吧？"

"可是我们没有时间了。"他说。

房产中介的店员得知他突然想买房，露出满脸吃惊的表情："要是你们新婚又没有存款的话，可以先租房的。"这话帮了我大忙，我对他表达了感激。

"笛美你不想和我结婚吗？"

"我想结婚呀。不过我觉得，要把这片土地上盛开的花突然移栽到另一片土地上，并且不想让它枯萎的话，还是好好准备一下比较好。"

"是呀，必须让花开得漂亮才行啊。谢谢你用简单易懂的方式告诉我。"

他偶尔会说："要不我来当'全职主夫'吧。"这对工作繁重的我来说倒是个不错的主意。只不过像他这样一个上了农业相关的学校、除了农业没有其他工作经历的青年，如果要他辞去工作一直待在家里，那会变成什么样呢？一个20多岁男孩子的未来，是我可以决定的吗？那对他的人生有好处吗？

他经常说："因为我要守护笛美。"我有钱又独立，甚至人生经验也比他丰富，他要守护我什么呢？就像情歌里唱的那样，是精神层面上的"守护你"吗？我问他到底要守护我什么，他说："这样我就不用参加消防团① 或者地区庆典了。"当时我还不知道他是在担心什么。

为了帮着做农活，我需要有驾照。但当时我工作繁重忘记更新证件，导致驾照被注销了。于是我下定决心，为了他

---

① 消防团，日本根据消防组织法在各市町村设置的消防机构。消防团员大都是来自各个社区的志愿者，由于农民需要做农活，而职场人士往往不便请假参加活动，有些地区会因此产生纠纷。

重新报驾校。我很擅长努力，因而想要全力以赴。

说实话，我的母亲似乎并不怎么高兴。她生在农民家，嫁给上班族，一直期待我成为职业女性并取得成功，因此她应该也有很多自己的想法吧。但我当时已经不想听，甚至很抗拒听她的话了。后来母亲对我说："虽然会很辛苦，但只要笛美你喜欢就好。"

苹果收获的季节到了。

照他所说，这一年苹果大丰收，所以他好像从早到晚都在工作。一看他就是一脸倦容，来我家里时也是筋疲力尽，除了睡觉也没做什么。我自己的工作也很忙，对他周末睡觉也就不大在意。或者说，与其这里那里到处玩，还不如我们两个人好好谈一谈。

这样的日子持续着，直到有一天他突然在 LINE 上发来消息，说他的父母表示"还是能嫁来农民家的人比较好"。听到他们这么说，我头一次认真地把自己代入辞职去他家的场景里。

首先，我的收入将是现在的六成左右。我得把我的姓改成他的姓。其次，我在他家工作，他的父母就会成为我的上司。婆婆应该会帮着带孩子，这样我们就能集中精力干农活。不过……如果我们离婚了，事情会变成什么样呢？我还能再找到工作吗？

我试着说服他，让他知道也许我继续工作对他也有好处。有工作的话，即便是哪一年歉收，我也能有稳定的收入，还能用在广告界学到的技能来推销苹果。而且万一我们离婚了，我也不会流落街头。

他说："我们不可能离婚。想着离婚的事去结婚，这很可笑。"

可事实真的如此吗？明明现在每三对夫妻中就有一对离婚了不是吗？他之所以不用担心，是因为他在结婚和离婚中承担的风险更低吧？……我开始感到不安，便在"雅虎智慧袋"试着搜索了"农民家的媳妇"。

那是一个禁忌搜索词。我看到一些成为农民家媳妇的女性谈起那令人难以想象的亲身经历。她们有的被公公婆婆逼着生男孩，被肆意使唤干农活甚至连钱都拿不到，最后独自逃走；有的虽说是公公婆婆帮着带孩子，但离婚时他们却把孩子夺走；还有一些女性，她们被街坊四邻的男性视为"性奴"般的存在，而对自己来说最为重要的人——丈夫也不站在自己这边。这一切……都是什么年代的事？

当然，也有人嫁到农民家里后过着幸福的生活。也就是说，应该根据家庭和丈夫的家人的情况，具体问题具体分析。但是那个时候，我想起了男朋友的前女友在和他同居时逃离他的事情。说不定他的家是那种会让媳妇逃离的家庭。**虽然他的家人说可以帮着带孩子，但如果我们离婚，说不定孩子会被他们夺走。**说不定我只生得出女儿，生不出适合继承农民家业的男孩。要是那样的话，我是不是得一次次接受辅助生殖呢？万一我生不了孩子，我会变成什么样？哪怕不孕的原因在男性身上，也会当成是我的错吗？

总觉得我像牛一样，像生完孩子后被挤奶、去耕田的母牛。

但到那时候，我已不再是"公司"的牛了吧？**不是公司的牛，而是成为他专属的牛。**我再也不会把自己说成一头没男人选的惨牛了。最起码我要成为受某个人喜爱的牛。不过，让所爱之人奉献自己的人生，这算得上爱吗？从别人身上"榨取"工作和名字，这又算得上爱吗？

我在 LINE 上把一条我不可能发出去的消息一次次地写了又删。

"我很喜欢你，但我不能现在就去你家工作。到底什么时候能去，我也不清楚。其实我想和你多聊聊，结果一直没谈成，我很焦虑。"

我想确认一下自己能不能胜任那份工作，便告诉他我想帮忙干活，哪怕一次也好，可他还是坚决地拒绝了。

在收获最丰盛的季节，他一周都休息不了一次，结果我有一段时间都见不到他。之后，他在 LINE 上给我发了一条消息：

"我不能和笛美你结婚了。"

明明他两天前还在 LINE 上说喜欢我，这是发生了什么？我去了他家附近，想着和他见个面，至少了解一下情况。

等我见到他时，天已经黑透了。

"我一直都在勉强自己，逼着自己成为一个和笛美你相配的男人。在农协的婚活会上，我是想找一个能嫁来农民家的媳妇。你虽然不符合这个条件，但是因为我喜欢你，我才一直为结婚努力着。只不过我已经到极限了，所以还是带着感激的心放你走比较好。"

他痛快地说道，像是获得了解脱一般。

"如果你和我结婚，我们就能有稳定的收入，我还可以给苹果做品牌推广哦。周末我也能帮着干些苹果种植的活儿。就让我来帮忙吧，一次也好。"

但我说什么也没用了，事情没有这么简单。我似乎也从他那里看到了他父母的表态。我曾那么喜欢的黑曜石般的眼睛，如今已满是冷漠，连看都不愿看我一眼。他把我送到最近的车站后转身离开，背影消失在路灯稀少的夜色中。

随着电车的摇晃，我感觉自己仿佛被抛入了黑暗的深处。夜间的乡村景致渐渐远去。我应该不会再来这里了吧。无论是他温暖的笑容，还是我们曾经快乐的日子，都纷纷离我而去。我又变成一个人了。我已经到了被称为"工业废弃物"的年纪，却不得不再一次从头开始。

只有因爱结合的男女，才能走在阳光普照的大地上。在那里，还存在一个巨大的裂缝，一脚踩空的我将坠入黑暗无边的深渊之中。

即便是现在，当我在超市看到苹果时也还是会想，在那颗苹果的背后，是多少依靠家庭经营的农户付出的重体力劳动啊！甚至那里可能还藏着难以想象的男尊女卑现象以及农村媳妇的眼泪。或许他是在知道农民家的媳妇将面临怎样的现实，也清楚我们之间没有可能的情况下，还曾努力想要守护我，又在最后放走了我。我抛弃了乡下地方，也抛弃了日本的农业。

搞砸的爱 ✿

本是为了帮助男友干农活而重新报的驾校，在我和他分手后的第二周开课了。工作之余，我坚持去驾校学习并一次性通过了考试，重新拿到了梦寐以求的驾照。我用本是为了他而考取的驾照租了一辆车，独自去海边、山上兜风。虽说我无法相信爱的力量，但是努力没有辜负我，它一直陪伴在我身边。

我在兜风时打开收音机。从歌手石川小百合到西野加奈，里面反复播放着为男人奉献自己人生的"女人心之歌"——那是为了不被心爱的他抛弃，为了获得他的爱而拼尽全力、惹人疼惜的女孩子的歌。我曾认为，或者说我曾经想让自己认为，自己也拥有歌里那种女孩子所拥有的爱的力量。可是，**即使有了这份爱，我也没能结婚，没能为心爱的人变成一头牛**。"没有爱情却有钱的可怜女人"……如果不像这样一笑而过，我就无法接受那个没能为所爱的人舍弃一切的自己。

大家似乎天生就会施**"爱的魔法"**，为什么我却不会呢？这个魔法能让在婚礼上穿着洁白婚纱，许下关于爱的美好誓言的新娘，忍受着从鼻孔挤西瓜般的疼痛生下孩子，在乱成一团的房间里，一个人从早到晚陪着那些把"拉臭臭""小鸡鸡"挂在嘴边的孩子。这个魔法把漂亮华丽的女孩子们变成海螺小姐、野原美伢和樱桃小丸子的妈妈。明明我只要走这条路，不管实际情况如何，世人都会认为我的生活幸福美满，一帆风顺。在"选择爱情"这个选项上，我觉得自己背负了太沉重的包袱，像是学历、事业、金钱等。我无法选择爱，是因此受到了惩罚吗？我对自己的钱、努力和事业感到憎恶和羞愧，甚至想要把我能获得这些的能力夺走。

那么，比自己学历和收入低的，"应该比较容易被男性选择的女性"又过着怎样的人生呢？也有女性天生就适合这种生活方式吧。而且在当今的日本，与富裕的男性结婚并成为全职主妇，看起来是能让人安心养育孩子的最优解。但万一没能选到这样的男性，会变成什么样？如果结婚的对象实施家暴或精神虐待，或者万一哪天他过世了，那女性不是要背负巨大的风险吗？

人们都说，女人应该是柔弱可爱的。人们也说，女人应该押上全部的赌注，把自己的人生托付给心爱的男人。人们还说，女人结婚后应该成为可靠的贤妻良母，主导残酷无比的"育儿"这一长期项目。怎么说呢……这角色转变也太大了吧？

所谓的男人的爱，就是为了照顾心爱的女人而把她们的学历和事业都剥夺，让她们无法自食其力吗？尽管男人常说"我会守护你"，但如果把女人的一切都夺走，那所谓的"守护"又是守的什么呢？此外，父母的爱，就是让女儿拥有随时会被男人彻底粉碎的学历和职业吗？如果是这样，为什么还要花那么多钱在女儿的教育上？这不是很没效率、很残酷的体制吗？

然而，我已经偏离了这个为了获得爱而产生的体制了，甚至严重到无法将路线调整回来。在世人看来，我是远比那些女性更悲惨的单身事业女强人。所以对于那个体制，即使我抱有疑问，也无法说出口……

　　和第三个男朋友分手不久后，我去参加了老家朋友的婚礼。婚礼会场定在了海边的一家酒店，那里从很早之前起就被当地人熟知。好久不见的老家的朋友们都已经结婚了，未婚的只有我一个。

　　身着婚纱，看起来像公主一样的她和看起来很温柔的男方，还有他们的父母，都住在当地。在当地工作，和当地的男性结婚的话，即使生了孩子，自己或对方的父母也能够帮上忙，工作应该也能顺利地继续做下去吧。我的母亲也是这样把我养大的。可我无论怎样都没办法选择那样的人生。听说东京的女性生育率是全国最低的，难道说我离开农村的那一刻，就注定没机会生孩子吗？

　　到了抢捧花环节，大家让女性站在前面集合，于是我们聚集到了会场前方。在其他人都已经结婚了的情况下，未婚的我本应该拼尽全力去抢捧花，在毫不相识的宾客面前，一边充分表露自己的结婚愿望，一边担负起为宴会助兴的职责。

　　花束被抛向空中，但不知为何我的身体僵住了，结果，没人去接的花束掉在了地板上。已婚的老同学替我把它捡了起来，我也在心中为自己不懂得察言观色默默道歉。

宴会后的续摊，我和新郎的男性朋友们一起去居酒屋喝酒。有个男人对我这个唯一的单身女人特别奉承，夸我"好可爱"，但我对他没有太大的兴趣，想着之后应该不会和对方再见面，就连联系方式也懒得换。

新娘想要换个话题，便问我：

"这件裙子好可爱呀，你在哪里买的？"

"在欧洲买的呀。"

我这么一说，之前还在奉承我的那位男性像是一百八十度态度大转变似的说道：

"还欧洲呢，装得一副了不起的样子。你就算有钱，也已经 30 岁了。你知不知道，到了 30 岁连你的羊水都臭了。谁会想找你这种老女人啊？"

等我回过神来，眼泪已经在大颗大颗地往下掉。我从 20 多岁开始就立志要努力工作，衣锦还乡。由于害怕生不了孩子，我甚至花钱努力去参加婚活。可就算我做了这些，等来的却是老家男人的恶语相向，认为我连"羊水都臭了"。如果我是男人，也会被异性这样评价吗？

在东京某一个人的发言，居然能渗透到处在日本边缘地区的人身上，绕这么一大圈把我的心刺痛。我从广告中学到的"语言的力量"的黑暗面，在日本的某个角落真切地展现了出来。

这也是我的责任？

在职场中，我一直在扮演"婚活人"，因此我也会把婚活的进展当聊天素材和别人谈谈。和第三个男朋友分手后不久，我每次想到些什么，就会说给当时一起工作的 O 前辈听。

"我总是为了团队加班到很晚，所以我又被男人嫌弃，又没时间参加婚活，唉……O 前辈您有太太还好，我一直一个人……没人给我做饭，家务我也得自己做……我结不了婚……是不是也有些原因……在于公司啊？"

"但是笛美你结不结婚，责任都在你身上，和公司没关系吧。而且也不是没有结婚生子的女员工呀。"

O 前辈并没有恶意，我觉得他的话说到点子上了。

确实，工作是我做出的决定，加班也是我的决定。除了睡觉，其他时间我都在和公司的人一起谈广告创意或者人生之类的事，我们就像一家人一样亲密。然而，**即便我把一生都奉献给工作，我也不会和他们成为家人**。我的形象会变成"结不了婚的女人"，责任只能由我独自承担。

如果我能再掌握一些要领，如果我有一个从学生时期就开始交往的男朋友，如果我是个绝世美女，也许我已经结婚了。但这是靠努力就能解决的事情吗？

这真的是我的责任吗？

高桥茉莉 🌸

　　在我快 30 岁的时候，社会上的氛围开始一点点发生改变。

　　2016 年，有件事成了热门话题。当时，电通①的新员工高桥茉莉在前一年的圣诞节早晨自杀了。当我在公司听到同事说起这则新闻时，深切感受到了冬天入骨的寒意。

　　我很关心这件事，就用手机试着搜索了茉莉小姐的推特账号，发现账号没有被删除，它依旧在那里。我一边小心不让别人看到，一边根据时间线查看她的推文。

---

① 电通，日本规模最大的广告公司，也是全球第五大跨国广告集团。

部长："……不要每天一副头发乱糟糟、满眼充血的样子来上班！""现在这么点业务量都接受不了，那怎么行。"

我："眼睛充血都不行吗？"

这不就是我本人吗？"不要满眼充血地来公司"，这正是我刚进公司时前辈给我指出来的问题啊。

一天在公司待 20 个小时，我都不知道自己活着是为了什么，累得我笑都笑不出来。

嗯嗯，我了解这种心情。一天在公司待 20 个小时的话，意识就会模糊，人是无法好好思考的吧。原以为大家都不在意，没想到痛苦的不止我一个。

男上司说我毫无女子力，就算他只是为了搞笑来捉弄我，我也已经忍到极限了。

大叔就算秃头了，也没人说他没有男子力，真不公平。郁闷～

没错，就是这样！话说回来，这么可爱的人也会有上司嘲笑她没有女子力吗，真让人生气。

我的工作和名字本没有价值，只因为我是年轻女孩，所以有人愿意在工作上帮我，有人愿意听我的烦恼，有人愿意原谅我的失误。

怎么说呢，感觉就像是我们在大学毕业之前一直是班干部，但进入社会后就突然被当作"年轻女孩"来对待。虽然很感激，但心情也很复杂吧。毕竟人总有一天会老的。

我的前辈和一起入职的同事看起来温柔、有趣、工作能力极强，对后辈和其他同事也很体贴，可偶尔我会看到他们私下的另一面，比如工作结束后他们就会玩弄、惹哭女生。我一想到这就是所谓的"广告人"，心里就很难过。

没错！看着对自己很温柔的上司粗鲁地对待其他女性，会莫名地觉得害怕吧。和受欢迎的男前辈相比，身为女性的自己却……我也曾有这样不禁愕然的时候啊。

没有和异性好好培养感情的时间，应该就没有留下子孙后代的可能吧？我明明有这样的危机感，却偏偏还要忍受强烈的生理痛之苦，这不是很可怜吗？

啊，太可怕了，她居然这么懂我，懂这种自己可能无法拥有后代的绝望感，以及即便如此身体仍在为繁衍后代而继续发挥功能的虚无感。

茉莉小姐应该很辛苦，很寂寞吧。在"杀气腾腾"的办公室角落里，一边快要被压垮，一边还在努力着。

她和我看着一样的风景，感受着和我一样的痛楚。而且，她把我一直以来没有察觉到的感情用语言一一表达了出来——虽然当我发现她的存在时，她已经不在这个世界上了。

广告界的女性，或多或少应该都有过茉莉小姐这样的经历。哪怕情况只是稍微变一下，我可能也会采取和她相同的行动。只是，我很幸运地做了自己喜欢的工作，因而能够忍

受长时间的加班和不合理的事。而且幸运的是，我有关心我
的人，有紧密的人际关系。只不过被分配到什么样的部门，
是无法靠努力办到的，只能靠运气。我觉得公司里没有任何
权力的新员工，是没办法解决这种问题的。

如果我和茉莉小姐在同一个部门，是她的前辈，我就可
以听她倾诉烦恼了。不，肯定不可能。如果我当时在场，一
定会被忙碌的杀气吞噬，也许根本就没工夫去关心别人。也
有可能我会害怕可爱的新员工威胁到自己的女性地位，因此
燃起胜负欲。

新闻里只关注每月加班 100 小时的工作环境之恶劣，但
我总觉得哪里有些不对劲。实际上，在广告界，一个月加
班 100 小时的人比比皆是。让茉莉小姐痛苦的，除了长时
间的劳动，是否还有身为女性才会经历的无尽的苦楚呢？这
样的想法在我的脑海中挥之不去。作为女性，在日常生活中
被上司看不起，自知地位比男性低得多，这种情况再加上长
时间的劳动，人的自尊心将会受到多大的打击啊。如果是男
员工，即便在长时间工作之后也依然能看到荣耀的光辉不是
吗？如果他们去六本木的酒吧或银座的走廊街，不仅能得到

漂亮女孩子的青睐，还能娶到美女太太给他们做家务、带孩子。然而我们这些女员工像他们那样工作，真的能得到回报吗？明明连子孙后代都没法拥有，却还要忍受着生理痛加班，这样的日子要重复几十年吗？

茉莉小姐的事情发生之后，广告界的劳动环境得到了很大的改善，无论哪家公司，晚上 10 点后的加班都被官方命令禁止了。**原以为"加班总会有收获"这种旧习不会有什么大的改变，结果它也成为场面话就此消失了。**我觉得这简直堪称奇迹。有的部门实现了快速制作资料，有的引入高效推进会议的方法，有的对客户应对策略进行调整。尽管还不是很完美，但我认为只要去做总能做到。

广告界有"年度创作者"之类的奖项，每年都会表彰那些为广告界带来显著改变的人。虽说被提名的大多是知名创作者，但我觉得近年来真正撼动业界的，毫无疑问是高桥茉莉。

"茉莉这个女孩子之前不就很敏感吗？""宽松世代①的

---

① 宽松世代，指 1987 年 4 月至 2004 年 4 月之间出生的人，他们普遍接受过以"减负"为目的的"宽松教育"。

人就是经不起打击。""自尊心很强的东大女生进入社会后，被挫了锐气吧。""不是工作而是私生活上的问题吧？""就怪茉莉，我连班都没法加了。"

我时不时地也能听到员工这么说她。

尽管这里面肯定也有些人是为了迎合别人才这么说的，我内心还是感到有些不痛快。但实际上，有过同样经历的我们活了下来，茉莉小姐却去世了，想到这一点，我也能理解为什么会有人得出"现在的年轻人抗压能力不行"的结论。如果自己的女儿将来遭遇了同样的事，他们还能说出那样的话吗？不过如果是那样，他们又会说："我不会让我女儿做与广告相关的工作。"——虽说站在你们眼前的这个女人，就在做你们不愿让宝贝女儿做的可怕工作。

在茉莉小姐的事成为热门话题之时，有一个以消除职业女性压力为理念的化妆品广告比赛。

客户定的方向是"想制造话题性"，因此我觉得不能不提当时正成为话题的那件事。刻意避开它，只展现出"刘海剪太过了"这种"蓬松"的压力，反而更像是在说谎吧。

电视广告企划"女性的压力"篇

（展现职业女性被各种言语攻击，皮肤受损的样子）

"不要摆出一脸疲惫的样子""你没有女子力""女孩子要去大人物旁边倒酒""女人的保质期到 25 岁"。

旁白：现代女性的肌肤承受着前所未有的巨大压力。

×××美容液含有××成分，能减轻肌肤压力。

每次使用，都在向健康肌肤迈进。

（晚上女性在自家使用商品后松了一口气的表情）

旁白：和活在当下的女性一起。

×××美容液

在公司内部的企划商谈中，我先做了个开场，"我知道这对客户来说很难实现，不过它也可能是一种方向"，然后演示了这个企划案。

会议室里除了我以外全是男性，他们都僵住了。

我想，男人可能还不习惯女人表现愤怒的方式。

创意总监开口了：

"广告界可是最近才发生那样的事啊。要是用这么强硬的表现形式，客户应该也会很受冲击吧。笛美你的心情我们了解了，不过要是有其他更能展现治愈性的企划案，这次就拿那个吧。"

　　这个企划案是不可能被选中的——这一点我在提交之前就知道了。

又近又远的 #MeToo^①

  2017 年发生的 #MeToo 运动，我把它看成发生在遥远世界里的事。记者伊藤诗织被原 TBS 记者山口敬之带到酒店性侵的新闻，让我在短短一瞬间，想起了刚入职时被前辈带到酒店的情景。但在那个时候，我只是稍微留意了一下这条新闻，随即就把它忘在脑后了。之后，针对广告界的男性们，#MeToo 运动的呼声再次响起。知名博主伊藤春香公开发声，表示自己曾遭到电通原创意总监岸勇希的性骚扰及

① #MeToo 是 2017 年 10 月针对美国金牌制作人哈维·韦恩斯坦性骚扰、性侵事件，在社交媒体上广泛传播的一个话题标签，用于谴责性侵犯与性骚扰行为，唤起社会的关注。

职权骚扰。写真女星石川优实则告发了一位假借电通的名义让其"枕营业"的男性，演艺界盛行的"枕营业"文化因而被公之于众。我不禁想，演艺界"枕营业"的传闻果然是真的。

在工作之余，我用新闻应用软件浏览这些报道，对男性们的这些行为毫不惊讶。说实话，我觉得这是常有的事。**为什么实施性骚扰的男性都像是一个模子刻出来的，言行举止没什么两样呢？**那些人在平时被称赞为优秀创作者，可他们在实施性骚扰的时候却变得创意全无。

但是为什么他们的行为很恶劣，为什么会在社会上引起骚动，我没法用自己的语言解释清楚。我只是想，明明其他人很擅长神不知鬼不觉地做这些，偏偏这些人把它搞砸了，所以才显得恶劣吧。

我的词典里虽有"人权"这个词，但我没有找到它所在的那一页。**性骚扰侵害了人权，剥夺了人的尊严。**

无论是竞争多么激烈的行业，多么有地位的业内人士，都不应该侵犯女性的人权。无论是了不起的创作者还是受害的女性，大家生而为人，其实都是平等的——当时的我连这种理所当然的事都不懂。我也没有意识到，她们控诉的这些，与我的人生有多么直接的关系。

我反而对提出诉讼的女性感到惊讶。**明明别人也有同样的遭遇，为什么偏偏她一个人要把事情闹得这么大？为什么要做到那个地步来控诉呢？难道她不担心职场人的生涯就此终结吗？**最后我只能得出一个结论，即她们一定是内心强大、非常特别的人，应该和我不一样吧。

公司里的男性们做出了经典的反应，像是**"时代变得可怕了""都没法和女员工随便说话""干什么都会变成性骚扰"**等，我也觉得确实如此。

然而，看到社会上产生如此大的骚动，我一方面觉得我们这个行业可能真的很可疑，一方面又陷入了自我陶醉："能在不一般的环境里生存下来，我真是太特别了。"

经常看到有人这样批判参与 #MeToo 运动的女性——"你自己不也靠女色得过便宜吗"，这句话不知为何刺痛了我的心。

我也曾被男性们说成是"靠女色"。"靠女色"究竟指的是什么呢？人们要求女人具备应该有的妆容、服饰、笑脸、亲和力，如果说利用这些就是"靠女色"的话，那我认为自己也算一个。我还想，如果自己"靠女色"，而对方对"女色"产生反应进而实施性骚扰或性侵，或许也有一半的责任在自己身上吧。

那么，我为什么一定要"靠女色"呢？因为女性的人生是有时限的，它让人觉得时间在一秒一秒逼近。因为我有这种焦虑，即必须在短短几年内牢牢把握住自己稳固的职业生涯。**为了尽快干出成果，我想要和有权有势的人搞好关系，即使是不合理的事情我也要忍耐，这么做难道是很不正常的吗？**

就算自己意识到有什么不对劲，能不能从对方那里逃走呢？

"活在人间，我很抱歉"

  旁观 #MeToo 运动，把青春献给工作，在婚活战争中屡战屡败的我，终于到了被称为"**工业废弃物**"的年龄。

  "这对年纪更大的女性来说太失礼了"，即便有人这么讲，我这个废物的耳朵也听不进去了。

  有才华的女性一个接一个因结婚生子或是搞垮了身体而退居二线。虽说我觉得自己本来也不需要什么女性竞争对手，并且也希望一直都是万绿丛中一点红，但被留下的寂寞感却越来越强烈。我终于意识到，人只有在有他人存在的情况下才能得到磨炼。

  而且不知为何，面对工作我感觉不到以前的那股激情了。在广告界，就算今年得了奖，那也不够，明年和后年也必须得奖才行。只是我的心里不再涌出无限力量，去支撑我接一些能获奖的了不起的活儿。

没能结婚也没能生孩子，"工作就是恋人"肯定是其中一个理由吧。可是，连能获得自我认同的工作都让我觉得疲惫，这到底是为什么呢？我的目标明明是成为明星创作者，也认为这就是人生的成功并且对此一直深信不疑。这个正以飞快的速度失去干劲的自己，我无法接受。

等地铁的时候，乘电梯的时候，在餐厅排队的时候，经常会有一个声音在我的脑海里回荡。

"活在人间，我很抱歉。"

我想向谁道歉，虽然不知道是谁。

我认为越是贬低自己，就越能得到世人的原谅。**无论是为了升学离开家乡，进入广告代理公司拼命工作，还是自己赚钱生活，我感觉自己人生的一切都是错的**。在这个城市里，能平凡地工作、结婚、要个孩子，就已经处于相当高的社会地位了，或许我就是抱着不切实际的梦想，才会吃这么多苦头。说不定我不来东京上学，而是在老家结婚当个妈妈会更好。如果我没有去广告代理公司之类的地方就职，而是做些更轻松的工作，融入家庭就好了。只不过这些选项，我要如何做才能拥有呢？

如果想成为一个有活着的价值的女人，我就必须在一年内结婚、怀孕、生子，然后还得获奖。要是全力以赴，一定也能做到吧？可我只要想象一下这种"全力"，就觉得浑身难受。为了在一年内结婚而立刻爱上一个男人，我还没有精明到那种程度。虽说就算没能喜欢上对方，只要能结婚就行，但做到那种地步的婚姻有什么好处呢？如果我在婚活或备孕的事情上失败了，是不是就必须让获胜组的每个同事都看到我未来几十年悲惨老去的样子？

尽管"活在人间，我很抱歉"的想法在我的脑海里刮起了旋风，但我还是一如既往地精心打扮，化好妆、穿着高跟鞋，若无其事地去公司上班。

面对前辈我强装笑脸，还想了很多企划并用企划书将它呈现，然后用别针夹好。接着匆忙赶到客户那里做方案演示，再加班到深夜才回家。

只有在提交企划案的时候，我才会进入"心流状态"，从而忘记"活在人间，我很抱歉"。

但是，当"心流"中断时，"活在人间，我很抱歉"的想法又会再度出现。

果然，女人过了 30 岁就没有活着的价值了。

没法结婚生子的女人，要是 30 岁就寿终正寝该有多好啊。

然而体检的结果好到令人厌恶，我没有发现自己有任何健康问题。

就在那段艰难的时期，我得到了一个机会，去欧洲 F 国的公司实习一段时间。其实我很害怕因为去实习而错过了结婚的最佳时期，但为了学习世界先进的广告创意，也为了让人生的脚步稍作停息，我最终还是决定去。

第三章

大叔型社会的真相

细雪中的街道 🌸

即便是在飞机上，"活在人间，我很抱歉"的想法也没有停止。

可当我透过窗户看到 F 国被冰雪覆盖的辽阔大地时，那极为壮丽的景致深深震撼了我，而那句"活在人间，我很抱歉"就这样消失得无影无踪了。

我已经 30 多岁了，早就变成了工业废弃物。

留下结婚生子等堆积如山的任务去异国他乡，这真的是正确的决定吗？

学生时期我在海外漂泊的时候，遇到过好几个辞去工作、长期留在海外的日本女性。她们原本在日本有稳定的工作，也有职场的机遇，为什么选择待在这里呢？那时我还是个为能否找到工作而忐忑不安的学生，不明白她们来海外到底想寻求什么。而现在的我和当时让我困惑的她们，采取了完全一样的行动。

在从机场到市区的区间巴士上，我透过车窗看到的风景宛如童话。在一片银色的世界里，化作美丽结晶体的细雪飞舞着，雪地中还散布着可爱的三角屋顶的房屋。不可思议的是，我觉得来到这里是完全正确的。

据说这里是远比日本更接近男女平等的国家。

首先令我吃惊的是，长途巴士的司机是女性。仔细观察就会发现，卡车等大型车辆的司机中也有很多女性。付钱下车的时候，她们虽然没有摆出营业性的笑容，但会露出发自内心的、特别自在的微笑。

傍晚的超市里不仅有女性，还有很多带着孩子的爸爸。为什么爸爸们这个时间能在超市里呢？难道他们不用加班吗？超市的店员也没有摆出营业性的笑容，就那么随意地坐在椅子上收银。走在路上，也没有大叔故意撞向我。虽说人本来就不多也是一个原因，但至少他们都微笑着给我让路。

　　总的说来，我感觉这条街上的人们都很放松。

　　即使有穿着暴露的女性，也没有人直勾勾地盯着看——就是这么一个不可思议的世界。从年轻人到老奶奶，穿着紧身运动裤的女性们表情自若地走着，这要是在日本应该会被人盯着不放吧。为什么她们可以打扮成这样？被人看到自己臀部的曲线不会觉得羞耻吗？即便是冬天，购物中心里也有露脐、露肩的女孩子。不过，没有人盯着她们看，也没有人吹口哨。我感觉，**那些在日本会被暴露在成人的欲望下，被当作物品让人欣赏和品评的女孩子，在这里却得到了社会的保护。**

新型工作方式 🌸

　　我到达公司，并将在那里受到几个月的关照。

　　在新环境里容易忘形的我，在这里完全不需要担心。公司里有年龄、国籍、种族、性别等各不相同的人，就连我奇怪的说话方式，也只会被看作细微的差异。

　　在日本，为了拉近和他人的关系，会把自己不受欢迎、自我贬低当成逗人笑的段子来讲。但在这里没人需要这样的交流，也没有人问过我婚否或恋爱状况。即便是这样，也还是能建立起稳固的人际关系。我意识到我和他人之间有一堵看不见的墙，这堵墙保护着我柔软易伤的部分。

让我吃惊的是，普通员工一到傍晚就毫不在意地说：
"我和孩子约好了一起踢足球。"然后就回家去了。

什么？孩子和足球，是应该优先于工作的安排吗？

他们似乎认为在家庭中有应尽的责任，并且觉得这是理
所当然的。看样子只有管理层会加班，而且他们工作到晚上
10 点的情况极少。

独身者就过着独身者的日子，即使在做方案演示的前一
天，也会在 5 点结束工作去户外烧烤，过着在日本不可能有
的悠哉日子。我在日本的时候只有周末才能出去玩，这些人
平时也能玩，还能参加婚活……不过"婚活"这个概念在这
个国家恐怕是不存在的吧。我也开始觉得加班很傻，傍晚 5
点就结束工作回家了。

每次的商谈都不超过 30 分钟，既不需要拿着自己一个
人花好几个小时反复打磨的企划书，也不需要和上司做事前
沟通。公司的上司和同事经常这么对我说：

"提交企划案不是竞争，一个人做得不完美没关系，也
不用有压力。如果自己拿不出好的企划案，别人拿出来就
行了。"

参与商谈的也只有三四个人，很少能看到 10 个人参加

的企划会议。会上可以很快就决定好要做的事情。此外，没有规定说参会者一定要待在会议室里，人在家或在国外也可以开远程网络会议。

虽然我会想："不行啊，这样怎么能干好工作呢？"但项目完成的质量和日本一样，不，甚至比日本还要高。

即使在竞标方案演示中输了，也没有任何人会采取"是我能力不足，非常抱歉"这种自我惩罚的态度，大家只是平静地接受结果而已。日常工作中，他们也会用"干得好！""太棒了！"等互相夸奖、鼓励同伴。这样做人怎么能获得成长呢？作为一个身上还残留着昭和时代严苛训练之印迹的人，我对此半信半疑。

客户、广告代理公司、制片公司，彼此之间的关系都特别平等，既没有过度的点头哈腰，也没有自我贬低。这也是一种国民性吗？F 国的等级制度放在世界上来看也是比较弱的，而日本似乎是等级制度比较强的社会。在日本，初创公司在招聘广告之类的地方也经常会写"我们是没有等级制度的公司"，但那些公司无法与这里扁平化的组织相提并论。我并不是说没有等级制度更好。有权力梯度的地方，事情能够很顺利地决定下来。**但在没有等级制度的国家，工作也会有相应的进展。**

F 国的工作很轻松，日本的工作很繁重。

在 F 国，比起强迫自己提高完成度，他们选择了更轻松、更有效率的工作方式。只要某个成员在当下那个时刻尽全力去做，他们看起来就会很满足。**在日本，同样的事情，人们会做得更周密、更完美，会花更多的时间和资源，会拼上整个人生去做。**都说日本人生产效率低，我似乎明白了其中的原因——**或许我们在本可以偷懒的地方也过于全力以赴，或许客户也过于追求我们的全力以赴了。**如果 F 国人在日本工作，该不会因为太过严苛，最后苦闷而死吧？日本的公司和 F 国的公司，虽然所在国家和企业规模都不同，无法进行准确的比较，但我切身感受到，忍受痛苦、长时间工作的方式并不是全世界都有的。即使喜欢工作，咬紧牙关、长时间干活应该也不是最好的工作方式。

活得像个人样 ✿

　　日本和 F 国毫无疑问都是发达国家，只不过 F 国的家中有集中供暖，有全自动洗碗机。在家不会感到寒冷，也不用自己洗碗，这是一种让人感觉受到尊重的、最为舒适的体验。

　　公司里的男性偶尔会自己做盒装便当，这里没有极费功夫的卡通便当，只有意大利面、薯条、三明治等非常简单的食物。的确，在日本吃东西的乐趣或许更多一些，不过 F 国做饭的压力可能要小很多。我想，也许是因为在这个国家无论男女都做家务，也就不会被人说"多花点时间和精力干！"大家便把做家务彻底地效率化、简化了。

在 F 国，我对"闲暇"的印象也发生了改变。之前我一直认为，闲暇在日本是不受欢迎的创作者的烙印，但在这里却不同。闲暇可以化作丰富多样的姿态，它有时是如镜子般能映照蓝天的湖泊，有时是摇曳的烛光，有时是在原野上漫步并采摘盛开的花朵，有时又是漫长而漆黑的夜。

闲暇是多么丰富啊。这个国家的人从年轻的时候起就握有充足的资产，那就是日本人直到退休都不会享受的闲暇。之前有个拉丁裔朋友对我说："你被公司剥夺了属于自己的时间。工作那么久，你不会觉得很可悲吗？"那时候我完全理解不了这话，但当我沉浸于一片仿佛会永远持续下去的闲暇之海时，我多少明白了一些。

F 国的工作方式当然不全是好的一面。与日本不同，这里的人不是一辈子都在一家公司安稳工作，而是生活在不跳槽就不会加薪的雇佣体系中。正因如此，他们对公司没有强烈的归属感，却对自己似乎有着毫无理由的自信。此外，或许正是工作的不稳定，才让他们更重视稳定的家庭。

这里的广告也同样让我吃惊。所谓的多样性并不是什么特别的东西，而是极其自然地被表现出来。例如，在食品公司的电视广告中，骑着自行车接送孩子的父亲和其他男女老少一起出现，仿佛一切都是理所当然的。明明是在日本也很常见的简单的广告，仅是因为出现了育儿的父亲，看起来就如此不同。这个国家已经不再处于一个认为育儿的男人，也就是"奶爸"很稀奇的时期，而是进入了下一个阶段。

从日本的广告画面中消失的大妈，在这个国家并不是作为"美魔女"或"熟女"，而是作为普通的中年女性与年轻女性并排出现。广告没有特意强调"永远都不要忘记自己是个女人"，而是理所当然地展现她们享受美甲和化妆的样子，让我为之一振。

我还注意到，这里的广告中完全没有出现穿制服的女高中生——这儿的学校本就没有制服，因而也不会有所谓的JC（女初中生）和JK（女高中生）的概念，**她们看起来就只是作为青少年女孩而存在**。这不禁让我产生一种真切的感受，那就是日本的广告是多么频繁地使用"女高中生"这个符号，并且一直以来多么依赖它啊。

广告中令人吃惊的，不仅仅是刻画女性的方式。那里面还展现了看起来像是亚裔、非裔、叙利亚裔的人物，甚至坐轮椅的人和患有唐氏综合征的人也很自然地出现了。同性情

侣和异性情侣一样轻松自在地登场，连同性情侣和他们的孩
子在一起的样子也被展现了出来。

　　我一开始很是震惊，但仔细想想，这个国家应该不是以
有限的"普通人"为标准建立的社会，它本身就是一个能接
受各种"普通"的社会吧。

活生生的女性主义者

　　我在这个国家和 30 岁左右的女性们成了朋友。**这里似乎没有人认为她们是工业废弃物或老女人**。她们都抱有希望，比如想和这样的对象交往，想从事那样的工作。她们的人生没有日剧中描绘的婚活的悲壮感，自始至终都是轻松又随性的。结婚生子似乎不是必要的东西，只是人生的一个选项而已。

　　在 F 国不存在待机儿童 [①]，早上或者深夜都可以放心地

[①] 待机儿童，在日本指需要进入保育园，但因保育园数量不足或名额已满而无法进入，只能在家等待空位的幼儿。

把孩子托给相关机构照顾。据说，由于仅靠男性的工资生活会有些困难，因此双职工家庭占多数，全职主妇则很少见。家庭的形式多种多样，单身母亲和事实婚姻似乎也有很多。我感觉这里单身母亲的贫困问题没有日本那么突出，也没有谁因为"孩子很可怜"而被特别对待，大家都将这种家庭视为理所当然的存在来接纳。过去我觉得离婚很丢人，现在我反而觉得那时候这么想的自己很丢人。

听说如果想自己生孩子，那么直到一定年龄都可以接受免费的不孕症治疗。而且到大学为止，孩子的教育都是免费的，甚至大学生离开父母时，还可以得到住处和生活费的支援。

在日本，**结婚生子是女性被赋予的另一种人生履历，它与学历、工作经历并存**，那时我很害怕如果没有积累这样的履历，就会被贴上"残次品"的标签。但是在 F 国，我开始意识到结婚生子只是某个人的人生状态，而不是决定这个人价值的标准。

"快点生，不生就没有做女人的资格，不生就别怪自己得承担所有后果。"在日本，我感觉自己接收到了这样的讯息。

"生也可以，不生也可以，只是如果生了就不要担心钱的问题。"在 F 国，我却能接收到这样的讯息。

要是在这个国家的话，说不定我能够生个孩子。

被逼到绝境的生物不会去生孩子的。生活没有不如意的地方，人从心底感到安心，才会开始想要生孩子。

我那些 30 岁左右的女性朋友，在公司里也发表了有关性别的言论。

有的人会提出不同于以往的女孩子风格的设计企划案，"有一种刻板印象认为女人就喜欢粉色，你们怎么看？"

也有人说"这个说法不是歧视女性吗？"并把歧视女性的词换成性别中立的词。

这么顾虑性别，广告表现的自由度是否会因此受到影响？有那么一瞬间我有些担心，但其他同事似乎对那个指摘也欣然接受。

为了争取自己的权利，她们还去参加游行。从大人到孩子，各个年龄段的人都加入游行队伍里，他们看起来很开心，那种自由而坦荡的模样令我惊叹不已。可以看出，企业也对赞助这样的活动表现出了积极的态度。

游行显得过于轻松、愉快，没有任何会让人觉得不好意思的地方，看起来就像一个有音乐、表演，艺术氛围非常浓厚的节日。

政治并不是可耻的事，甚至可以说它正在变成很酷的事。

这到底是什么风吹来的呢？

对性别敏感的不仅是女性，男员工也一样。在制作一个列举世界伟人的企划案时，我挑选的都是教科书上提到过的男性伟人。

这时，一个男同事走了过来，"我有一本集合了女性伟人的书，你看，里面还有东亚的女性伟人呢"。他说着便指给我看。

一开始我还想"他是不是对我这个亚洲女性的想法过度揣度了？"但对方确实让我意识到，**世界上的伟人全都是男性，这本身就是很不自然的事**。

考虑到性别，可能无法使用现有的广告表现形式。

可是，我也想到如果能因此产生其他的表现形式，那么这或许正是产生新的、有创意性的表现形式的机会吧。

也有一些人发起了用公司经费购买生理用品的行动。用经费购买的卫生棉条不是装在纸袋里，而是装在透明的瓶子中并放在男女共用的卫生间里。就像看到了不该看到的东西一样，这种做法给人带来了强烈的视觉冲击。话说，在 F 国的超市里，卫生棉条的陈列面积比卫生巾的还要大，想必普及率已经很高了。

我没有使用过卫生棉条，所以当我发现用经费买的不是卫生巾时，心里七上八下的，不过同事们似乎都没有把它当回事。

一位移民女孩对自己国家即将禁止堕胎一事感到愤怒，于是她在公司内呼吁大家签名。当时我也不明白为什么堕胎是女性的权利，为什么天主教会想要禁止女性堕胎，但我想支持这位朋友，于是就签了字。后来我才知道，对生不生孩子等和生殖有关的事做决定的权利，被称为"生育权"。

有关身体的事情有一点很让我吃惊，那就是她们会很坦然地在对话中频频提起"阴道""卵子"等妇科词汇。一开始我以为她们是想说些荤段子来活跃气氛，没想到对方是在一本正经地把那些当作健康知识来讲。我就像电视上播放亲密戏时的我父亲那样，从头到尾尴尬不已。**但为什么我会觉**

得提起阴道或卵子是让人羞耻的呢？明明它们和拇指、肋骨一样，都是自己身体的一部分。

我是从什么时候开始觉得自己的身体是不可触碰的？在我的认知中为了让男人兴奋而存在的乳房，为了男人而应该弄得光滑的毛发，为了性而存在的阴道，为了生孩子而存在的子宫，其实它们只不过是身体的一部分——或许我只需这样想就行。

在和女同事的对话中，对方偶尔会提到"女性主义"这个词，这种时候我总会大吃一惊。事实上，我一直认为女性主义者、女性主义之类的说法给人一种相当可怕的印象，它们正是结不了婚的可怕女人的代名词。或许我此刻正被那些可怕的女性主义者包围，但她们并不是恐怖的形象，而是随处可见的普通女人？

我想起了艾玛·沃特森在联合国发表的关于"女性主义"的演讲，便去网上确认了一下。只是我不觉得她说了什么可笑的话。女性主义真就是那么该让人感到可怕的东西吗？

当我接触到这些女性主义者的全新价值观时，我既有同意的地方，也有因为觉得她们自我意识过剩、做得太过头而产生抵触情绪的地方。据说人类有一种习性，让他们看到松竹梅的话他们就会去选竹子。[1] 接触了"松"这个层级的女性主义的我，想要在"竹"这个层级上获得内心的平衡。不过，或许正因为有人说了"松"层级的女性主义，我才能从"梅"以下的层级进阶到"竹"。更重要的是，拥有她们这些女性主义者的这个国家，远比日本更容易生存。

　　附近的街区有个以女性历史为主题的博物馆，我下定决心去看看。当我小心翼翼地走进门时，眼前是一个颇具现代设计感的时尚空间，前台一位女士露出温和的微笑来迎接我。馆内展示了女性在历史上曾遭受过怎样无理的偏见，这些对女性的偏见是多么毫无逻辑可言，以及曾活跃在这个国家的女记者的功绩等。无论男女老少，市民都带着平常心来参观这个展览。

　　怎么样，女性主义果然没那么可怕吧。要不要干脆也来支持一下？

　　说起来，这个国家虽然有很多年轻漂亮的女性，但我没

---

[1] 此处指松竹梅法则，即将商品分为三个价格区间，从低到高分别为梅、竹、松，大多数人会倾向于购买中间那个价格区间的商品。

听说过爸爸活 ① 或陪酒女。问了一下朋友是否听说过"爸爸活"，对方回答：

"那不是只有极少数有钱的男性才会做的事吗？"

我想，**如果学生的生活能得到保障，女人生了孩子也能顺利工作，就没有必要依赖男性的钱了。**

曾经有一次，我的老习惯犯了，想要向男性献媚。

结果对方非但没有感到高兴，反而采取了"你不用那样做哦"的态度。

我也学会了说"No（不）"。我一直以来都坚信，谁向我提问，我就必须回应对方的期待，总觉得如果说"No"，就必须有非常充分的理由。不过我发现在 F 国，被人拜托一些工作或者被约出去玩时，许多人都会直接说"No"且不会露出一丝歉意。**即使说了"No"，也只是意味着讲出了自己的想法，并不是在否定对方，**因此他们能坦然地说"No"——我是这么理解的。

有一天下班后，有位女性来约我出去玩。说实话，我并没有什么心情，就在我考虑该怎么回答的时候，"Yes（是）

_____

① 爸爸活，多指女性与经济宽裕的男性共度一段时间，比如一起吃饭、购物等，从而接受男性经济援助的活动。

和 No，哪个？"她不假思索地问。

"No。"我鼓起勇气试着说出了答案。

"知道了。"她神色自若，爽快地回答道。

我终于能说出"No"了。原来说"No"也是可以的啊。

在接触异国文化观念的过程中，我肩上堆积如山的重担很自然地就卸了下来。在日本时的那种被湿抹布裹住的沉重感，已经消失不见了。

一直被他人审视作为女性的魅力，做了冒失的事就会被人笑话，即便只是说自己的意见也必须放低姿态把话讲得好听……这种沉重的感觉消失了。

我明明身在国外，却比在日本时更受尊重？

说是被重视，并不是指被人宠爱，受到从头到脚的呵护，而是作为一个能靠自己的双脚站起来的人，获得对方一种保持距离的尊重。被人像这样对待，"我也能行"的想法就会不断涌现。

我想生在这个国家，想尝试在这个国家生孩子。日本人和 F 国人都是人，但仅仅因为出生在日本、生活在日本社会，待遇为何就有如此差别呢？如果在日本说这种话，一定会被嘲笑为"崇洋媚外的自恋女"吧。可是与崇洋媚外无关，谁不想生活在一个能让自己感到安心的地方呢？

我不会在简单比较 F 国和日本后，就认为"F 国更好，日本也得马上变成 F 国那样"。F 国有 F 国自身的问题，两国的气候、地理、文化、产业、民族性也有天壤之别，即使向这个国家学习，也不会产生一样的结果。但至少对一名女性来说，F 国远比日本更容易生存，这一点我可以非常自信地说出来。

要是能一直待在这个国家就好了。为此，我希望有更好的学历和工作经历，以成为一个国际通用型人才。我也想要提升英语水平。婚活时那么想舍弃的能力，现在我真心想要将它们提高。

"想住在 F 国的话，在那边找个合适的人跨国结婚就好了呀。"日本的朋友说。如果我已经遇到了这样的人，那么跨国婚姻也是有可能的。但是，在这么短的时间内匆匆忙忙地参加国际婚活，总感觉有些不合适。这或许是因为我好不容易才意识到结婚不会让女人的价值发生改变，所以不想再次因为男人的爱情而让自己的人生被牵着鼻子走，陷入疲惫的状态之中。

话说回来，我在日本的时候那么努力是为了什么呢？在日本，如果女性不年轻、不可爱、不结婚生子，就会感到羞耻，被人嘲笑。我拼命让自己达到他们要求女人达到的标准，甚至还曾想把与此不符的学历和对工作的热情一刀砍断。

如果不存在以是否年轻可爱，是否结婚生子来衡量一个人的价值观，我本不会因此受伤。

出国前，我每一秒都在想"活在人间，我很抱歉"，现在我却一遍又一遍地想"活在人间，我很感激"。好不容易能活着走到今天这一步，感谢我自己。

不过，我也开始抱有一种怀疑。我一直把自己生活的艰辛归咎于日本，但这真的是日本的错吗？难道不是因为这里离日本的地理位置比较远，我才会感到精神焕发？可是发生了一件事，让我的怀疑变成了确信。

有一天，我去了一家日料店，那里有一位年长的上司正和年轻的下属在吃饭，他们像是常驻当地的日本男性上班族。

在那里很少见到日本人，而且他们又坐在邻座，于是我便试着和他们搭话了。

"你们好。"

那位上司皱着眉头，我打了招呼他也不回。下属似乎很抱歉的样子，也向我打招呼："你是学生吗？"

我为了化解尴尬的气氛，便笑着打圆场：

"我不是学生哦，我是来实习的。已经来了两个月了呢！"

就在那个时候，我感受到了——啊，这种和在日本时一样沉重的、如湿抹布般的感觉。**使用最高级的敬语，带着最谄媚的笑，用超高音调讲话，为了讨好对方而放低姿态，导致最后自己背上沉重的心理包袱**。可我在和当地的日本女性说话时明明没有这种感觉。这到底是为什么呢？

在这个像是上司的日本男性面前点头哈腰的时候，我从一个活得无忧无虑的人，变回了原本那个悲惨的 30 多岁的单身事业女强人。

"活在人间，我很抱歉"，莫非这种想法是面对日本男性时才会产生的？

人生的对答

　　为什么 F 国和日本如此不同呢？我把对比日本和国外的书籍找了出来，夜夜研读，终于明白了日本的工作方式和国外有哪些差异。

　　——综合职是以一辈子在一家公司工作的"终身雇佣制"为前提，有加班、调职、轮岗。年龄越大，工资越高，为之奋斗一生的公司正如自己的家。

　　关于这些我多少也能理解。只是我从未想过，这对我的人生有怎样的意义。

　　在国外没有综合职这种工作方式。虽然有"全职"，但它和综合职不同。在公司关照过我的全职员工，似乎也没有加班、调职、轮岗。而且，他们并不是一辈子都在同一家公司工作，而是在一种通过跳槽来提高工资、不断自我提升的模式下工作。

存在加班、调职、轮岗，意味着你的人生很大程度上会被公司左右。日本男性之所以能够选择人生负担较大的综合职这种工作方式，是因为有全职主妇的协助，她们承担着家务、育儿、看护老人等与家庭照料相关的工作。据说在20世纪80年代之前，女性是不会被雇佣从事综合职的，毕竟她们早晚都会成家来支持丈夫工作。

在1986年实施《男女雇佣机会均等法》后，女性也和男性一样获得了从事综合职的机会。然而，企业并没有改变加班、调职、轮岗等"男性式工作方式"。女性即便有机会从事综合职，实际上也无法持续工作下去。企业在综合职之外，还设置了不需要加班、调职、轮岗的"一般职"，它们成为女性的主要职位。

泡沫经济崩溃后，仅靠丈夫的收入难以维持家庭生计，于是已婚女性也开始以打零工、做兼职等非正式雇佣的方式参与工作。尽管如此，由于丈夫能挣钱，非正式雇佣女性的工资一直被压低。受雷曼事件 ① 的影响，非正式员工的规模也进一步扩大，不仅是已婚女性，未婚女性也加入其中。再加上派遣法修正（2015 年）后规定非正式员工的雇佣期限为 3 年，女性的雇佣变得更加不稳定。

背负风险的不仅是女性。据说男性由于综合职的工作方式，也承担着因过劳而自杀、家庭破裂等巨大的风险。"男主外，女主内"的性别分工，给男性和女性都带来了极为沉重的负担，即使时代变迁，这种负担也仍然存在。

……一切都是命运吗？

我的命运，是建立在这种社会结构之上的。

社会结构与自己的人生连接起来的瞬间，过去的记忆如惊涛骇浪般在我脑海闪过——我被要求有个女孩儿样的孩提时代；想和公司的人成为家人，所以去加班的新人时期；上司说过的那句"女人迟早会辞职"；赞扬母亲的自我牺牲精神的电视广告；说"男人永远长不大"的电视广告；全是年轻女孩，没有大妈的电视广告。

---

① 雷曼事件，指美国著名的投资银行雷曼兄弟于 2008 年 9 月破产，导致全球股市下跌，这成为金融危机爆发的标志性事件。

这一切，都是为了维持这个以男性为中心的，所谓的大叔型社会。

就为了支撑这个以男性为中心的社会，我才一直被当作"女生机器"来培养吗？由于我被灌输"要活出自我"这样的思想，我还有了不必要的期待，愚蠢地认为自己和男人是同样的生物。

作为一个女人，我从一开始就没有在综合职一直工作下去的希望。本来就不是这样规划的。所谓综合职，是男性在有全职主妇支持的情况下，拼上自己的人生才能实现的工作方式。这是一场无法通关的游戏。公司里的男性毫无例外地都有做全职主妇的太太，为什么我之前连这么简单的事情都没注意到？

一方面，我被迫在工作上参与竞争，像男人那样干活；另一方面，我身为女人，还得与全职主妇、女接待员、模特等女子力高的女性竞争。男性组和女性组，两项比赛我都去竞争，以至于我不由得想，自己无论作为男人还是女人，都是残次品。

女孩子总有一天会蒙着结婚生子的幸福面纱被赶出去，之后又会有新的女孩子进来填补空缺，于是**构成职场的成**

员永远只剩下大叔和女孩子。男人们明知道这一点，仍然打算眼睁睁地看着我干到筋疲力尽直至离开工作岗位吗？又或者，他们是想嘲笑单身的我赖在公司不走，说我是"女剩斗士"吗？过了30岁才知道这些，太迟了，实在是太迟了。为什么一直以来我从不怀疑这个社会的结构，反而责备自己，敌视其他女性呢？

当时（2018年）日本的性别差距指数排在第110位。

我从新闻上了解到，这个数字在发达国家中是倒数第一的，但当时我只是把它当作一个数字，并不了解这对我来说意味着什么。现在来到这个国家，我明白了，性别差距所代表的本质，应该就是"女性感受到的不合理的指数"吧。它可能就是指那种像湿抹布一样沉重地压在身上、缠在身上的不快感。

据说，日本要想将性别差距指数提高到F国的水平，还需要花100多年的时间。

到那时候我不就已经死了吗？在那之前，都得让女孩子经历我这样的痛苦吗？可是在地球的某个地方，明明存在着女性能自由自在生活的世界。仅仅因为是出生在日本的女性，就必须走向不同的人生吗？

　　我还了解到，在性别差距指数中，日本在健康领域的指数很高，但在政治和经济领域的指数却很低。学生时期很难感觉到对女性的歧视，但从进入社会的瞬间就会开始直面这种歧视，这一点在数字上可以清楚地体现出来。从性别差距指数来看，我的人生全都被成功预言了。

金钱的悬崖

我一直隐隐意识到自己的工资比其他女性高，却又自作主张地认为差距没有那么大，因此后来就不再多想了。在调查性别差距指数的过程中，我发现这是一个很大的错误。

日本男性的平均年收入在 550 万—600 万日元，而女性则在 250 万—300 万日元。能和我拿到差不多工资的人群中，女性其实只占一小部分。同样是正式员工，女性的平均工资大约是男性的三分之二。

我想起邮局的女生曾这么对我说过：

"你为什么会有这么多存款啊？你明明和我一样大。"

她的话很切合实际。

对于工资比自己少的女性，我曾充满嫉妒地想："有男人养真好啊。"周围的男性也说："女人真好啊，万一有什么事，也有男人养着。"

但事实果真如此吗？

女性在有男人养的前提下找一份低工资的工作倒还好，但要是结不了婚该怎么办？就算结了婚，万一被家暴导致离婚，或者夫妻死别了呢？现在可是每三对夫妻中就有一对离婚啊，这不是一个能用"没有看男人的眼光"或"忍耐力不足"之类的说法就能解决的问题吧。

事实上，日本单亲家庭的贫困率为50.8%，这在发达国家中应该也是尤为严重的。我们这些女性，生活在一个不靠男性养就很难生孩子，也很难独自生存的社会。或者说，**这个社会被创造出来，就是让女性很难独自生存，让她们必须依赖男性**。什么嘛，这太可怕了。

我被推下的悬崖，叫作"不会有男人选的高学历事业女强人"。我始终觉得，无法结婚生子是自己挣钱带来的惩罚。但从另一个角度来看，或许还存在着经济上无法自立的"金钱之崖"。在现在的日本，女人能赚钱简直是个奇迹，我不是很幸运吗？不过，我能拿到现在的工资，是运气好能得到这个职位，更重要的是我还没生孩子，绝不是我比其他女性有能力或更精明。从小学到大学，无论是学习还是社团活动、学生会，都可以看到很多时候是由女性来领导的。在不工作的女性和作为非正式员工的女性当中，有能力的人应该数不胜数，本可以拿到和男性差不多工资的应该也大有人在。

我觉得自己并不是有能力，只是适合在男性社会工作而已。不知为何，我从小就无法融入女孩子的团体，于是我努力学习逃进了男性社会——大概就是这种意思。我觉得周围的人都认为我是一个"学习不错但有所欠缺的人"。因为不讨厌努力，所以我才适合那种不问缘由，只需一味忍耐和努力的"考试战争"和"就业战争"吧。如果是我喜欢的事情，就会付出自己的一切去努力，这种性格特点也很适合综合职的工作方式。贬低自己、抬高男人的习惯，也许在男性社会中也发挥了很好的作用。我想，如果我也走结婚→生子→辞职→离婚这条路的话，经济上很有可能会不稳定。

我一直都想要钱。

只要有钱，即使是农村出身的女人也能买到属于自己的小城堡和礼服。由于是自己赚的钱，也不会被任何人说三道四。并且，将来能在经济上支持年迈的父母的只有我一人。

有位政治家说"人在晚年需要 2000 万日元"①，这也让我很担心。不过话说回来，独自抚养孩子的女性就需要承担贫困的风险，这样的社会是我所希望的吗？**护理员、保育员和在餐饮店工作的女性，拿着勉强能自立的工资工作，这样的社会应该是有什么不对的地方吧？**

---

① 2019 年 6 月，日本金融厅发布了《老龄化社会资产形成与管理》报告，根据其中的测算，一对夫妇退休后如再活 30 年（男性到 95 岁，女性到 90 岁），其所领取的养老金对比生活费支出的资金缺口总共将达 2000 万日元，此事在日本社会引起广泛讨论。

性犯罪的悬崖

一旦意识到性别歧视，过去的事情就会像烟花一样在我脑海中一个接一个地炸裂开来。当我每天晚上沿着被白雪覆盖的道路久久地散步时，突然之间我想起了性犯罪的事。

7岁时，邻居家的叔叔把手伸进了我的内衣里；上大学时我被路人袭胸；在公寓入口，我被不认识的年轻人推倒；一个大叔曾把我拉进大楼间的缝隙里强吻我——这些事在我成为职场人之后，也仍然在发生。加班到很晚的时候，回家路上我被人开车追来追去，还有人骑自行车跟在后面向我提出"援助交际"。也有大叔曾一边自慰一边追到我所在公寓的入口。由于太害怕这些变态，后来我每天晚上都打车回家。

我曾认为遭遇性犯罪这种事是谁都会碰上那么一两次的，觉得它是一件微不足道的事。我也揣度过，性犯罪者应该也有家庭，不能让他们的妻子和孩子变得不幸。有一次我在报警时，对方也说"要怪就应该怪你穿了暴露的衣服吧"。

如果是在 F 国，那会怎么样呢？性犯罪不是成为新闻素材就能了事的，犯人会受到社会上相当程度的制裁。事实上，在这个国家，没有经过同意的性行为是作为犯罪来裁定的。但是在日本，无论是自己还是社会，都把性犯罪看成是女性的错，而不是犯人的。

这不也是对女性的歧视吗？

先是教育女孩子"应该穿裙子"，如果女孩子遭到性犯罪，他们又责怪说"是裙子太短了"。日本社会是不是对女孩子太不负责，太不诚实了？

我想起了在 #MeToo 运动中告发性骚扰的女性们。**她们被猛烈抨击为"色诱""沽名钓誉行为"，遭受着"二次强奸"。**有人说 #MeToo 运动在日本没有兴盛起来，但那并不是因为性骚扰的事件少。在受害者受到如此强烈的抨击的社会里，谁还会想要发声呢？而且在我心里，是否多少有些"被害者也有过错"的想法呢？这也让我意识到，在我身上也存在着对女性的歧视。

成人内容的悬崖🌸

我还解开了另一个谜，关于成人内容。

虽然我能感觉到女性杂志"有爱的性特辑"和面向男性的成人杂志在理念上有根本性的不同，但我仍然很疑惑：男人为什么会对描绘得如此肮脏的女性图像感到兴奋呢？

然而自从知道了"歧视女性"，我的看法就改变了。

难道说，男人想看的不是性感或色情的内容，而是"欺辱女人"？ 我自己也被这个想法吓了一跳。对女人做一些无法用常识想象的、让人感到不适的事情，并为玷污和征服对方感到兴奋，这既不是做爱，也不是征得对方同意的性虐恋（SM），**而是对对方毫无尊重的一种女性歧视**——这么想的话，是否能够解释清楚这种杂志理念的不同？

出现在成人内容里的女人，即使一开始很不情愿，被迫玩些羞辱性的招式或者被内射，最后还是会表现得很开心。然后她们会消失在某处，不留麻烦给男人，也不需要他们负责。我曾觉得这是一种很合适的性幻想，只是自己无法用语言表达出来。但现在看来，这也是对女性的歧视。

后来我才知道，未经同意被强迫发生性行为的女人，她们一生都会受到心理创伤，回忆不断闪现会让她们痛苦不堪，最坏的情况是她们将无法上学或工作。但这个真相被隐瞒于世，男人最喜欢的欺侮女人的内容却源源不断地被输出。它们陈列在连孩子都能看到的便利店和书店里。

不只是在这些地方，网络上相似的内容恐怕还要多几万倍，这让我觉得似乎全日本各个阶层的男人都渴望看到女性被欺侮。

在实际生活中，如果十几岁的女孩子怀孕或弃子的新闻传开，"臭女人""女海王""自作自受"等诽谤、中伤的言论只会射向女孩子。可让她怀孕的，明明和发表这些言论的人一样，是消费色情内容的男性……

强迫女性出演成人影片（AV）的问题似乎也存在。据说有这种情况：以拍摄模卡等为由把女性叫过去，结果却是成人影片的拍摄现场，女性被胁迫接受拍摄。对女人进行性剥削，使其一蹶不振，这或许又是一道悬崖。

这么说来，在我读大学的时候，曾有个陌生男性和我搭话："你要不要拍模卡？我觉得导演看到你会很高兴的！"我很清楚自己既没有模特身材，也不是绝世美女，只因为是个年轻女孩就被搭话，这非常可疑。不过，如果那时候我有经济方面的困难，或者我想当模特所以跟着那个星探去了的话……

我能像现在这样平安地活着，真是奇迹啊。为什么会存在这么多道悬崖？而且一旦女性从悬崖上掉下去，他们就会让她很难再爬上来。

日本女人受到的保护太少了。我只是碰巧活了下来。这么说来，日本社会是多不把女性当回事，多无视女性的呼声，让女性保持沉默，又是多滥用女性的能力和性啊。

大叔型社会之罪 🌸

啊，"普通的日本男性"呀……

看着大雄① 偷窥女生洗澡的动画场景长大，读着描绘"幸运色狼"② 的少年漫画，搭讪术成为受欢迎的教科书，通过成人影片或非法上传的色情视频学习性爱，把变态（HENTAI）当作能向世界夸耀的日本文化并为之喝彩——这样的男性，就是我的朋友、同事、上司，以及未来的恋人

---

① 大雄，为藤子·F.不二雄创作的日本知名漫画《哆啦A梦》中的小学生形象。

② 幸运色狼，指偶然事件造成的有色情意味的场景，出自日本原创电视动画《机动战士高达 SEED DESTINY》。

或丈夫吗？

生活在世界上性别歧视最严重的国家之一，在这个无论是政治还是经济都被大叔支配的社会里，男性真的觉得幸福吗？

通勤电车里的上班族们表情暗淡，他们压抑着自身的情感，在车厢里一个个被挤得透不过气。这些人或许有妻子，有孩子，还担任综合职，他们明明是赢家，为什么眼神却如此空洞？

我在婚姻介绍所里或是交友软件上遇到的男人，都没有散发幸福的味道。明明是向异性展示自己的场合，有些人却露出弃犬般悲伤的眼神。他们没法向我展现一种比起被人爱，首先应该爱自己的模样。

被剥夺了情感、交际能力、笑脸以及关爱和照顾自己的能力的普通日本男性，简直就像是歧视女性、一心扑在工作上、舍弃个人生活，但还是希望被人爱的20多岁时的我。只不过因为我是女人，所以中途半强制地掌握了感情表达、交际和做家务的能力。可男性本身并不具备这些被认为是"有女人味"的能力，他们把这些一股脑"外包"给某个女人，这不是自己给自己挖坑吗？

一开始，我还想是不是男人本来就是恶人。其实不然，他们是很好的人。有必要的话，他们甚至可以是比我性格更好的、人格更高尚的人。**把普通又善良的男性变成这样，大叔型社会的这种体制很可笑。**如果连原本就受到优待的男性都被当作"社畜"，遭到非人的对待，那么在这样一个国家里，女性就更不可能被当作人来对待了。

对于大叔型社会来说，女人大概是地球无限供给的资源吧。他们应该是想尽可能地趁年轻挖掘这些色情资源，将它们作为下饭菜彻底利用，待自己上了年纪就安定在家，等着别人来做自己不愿意做的看护工作。他们看不到女性为此付出的巨大的成本和牺牲，以及她们从民生保障网坠落时承担的风险。他们意识到自己滥用了多少女性——不是位于遥远国家的女性，而是此刻就在他们眼前的女性吗？他们又是否意识到，不断将女性推向深渊的行为，会让自己立足的地盘下沉，进而导致日本的衰退？

不，他们也在以自己的方式拼命地想让日本变得更好吧。作为男人，要代替没有能力的女人和孩子，铆足干劲推动日本的发展。但这种做法已经不适用了。明明自己也遍体鳞伤，他们看起来却还是想要强化那种歧视女性的父权制做法。嘴上强调性价比和效率，结果由男人主导的日本社会的性价比却又如此之低。

我并没有想过要让男人死掉。至今为止，我受到了许多男性的照顾。他们养育我、鼓励我、相信我、爱我，这是不可动摇的事实，我对这一切都心怀感激。

父权制也好，歧视女性也好，它们都是癌症般的东西，而我们无法憎恨得了癌症的人，也就是"恨病不恨人"。但是疾病不会自愈，必须早发现早治疗。然而全世界都在努力攻克这种病，日本却连承认这种病的意愿都没有。不对，日本一定也有人注意到了这种病。可是，这些人到底在哪里呢？

世界正在消除女性歧视

    F 国好像也不是从一开始就是男女平等的。在这个女性政治家占半数的国家，过去也存在歧视女性的现象。据说是 20 世纪 70 年代发起的女性运动，为女性争取到了现在的权利。F 国的选举投票率平均在 80%，市民的政治参与度非常高（日本的投票率在 50% 以下）。

    1975 年，在性别差距指数为世界最低的冰岛爆发了大规模罢工，九成的成年女性停止工作和做家务，为自己争取了权利。此外，无论是 F 国还是冰岛，幸福指数都位居世界前列。

　　日本又如何呢？虽说在学校时了解过平冢雷鸟①、妇女解放运动，但是现在呢？女性只有再次站出来才行吗？如果想要站出来，具体应该做些什么呢？日本存在对女性的歧视，这件事大家本就没注意到吧。我即便知道日本的性别差距指数排在世界第 110 位，也一直认为日本是男女平等的，并没有把它和自己的痛苦联系在一起。

　　而且，我们从小就被教育不要主张自己的权利，在这种情况下还指望大家去游行示威、去罢工？这难度也太高了吧。宅生活、美食、时尚，快乐的事情数不胜数，为什么偏偏会去想游行示威、罢工呢？那不就是无法通关的游戏吗？

　　日本原本就是提倡女性歧视的国家吗？我用搜索引擎试着搜索了一下日本宪法。

　　　　《日本国宪法》第十四条　全体国民在法律面前一
　　　　律平等。在政治、经济以及社会关系中，都不得以人种、
　　　　信仰、性别、社会身份以及门第的不同而有所差别。

　　宪法规定了不能有性别歧视，但现实并非如此。这是为

---

① 平冢雷鸟（1886—1971），日本思想家、评论家、作家、女性主义者、妇女解放运动家。

什么呢？

宪法中也有这样的内容：

《日本国宪法》第十二条　本宪法所保障的国民的自由与权利，国民必须以不断的努力保持之。

日本虽然是民主主义国家，但不付出"不断的努力"就不能获得自由和权利吗？真可恶，这也太麻烦了……

不过等一下，我唯一擅长的正是努力啊。而且广告创意领域中应该潜藏着解决问题的力量，一种把困难的事变得容易理解，把人的想法从消极转化成积极的力量。

并且，一半的人口是女性。我们女性让珍珠奶茶流行起来，改变了日本的面貌。那么，社会形态一定也能够因我们而发生改变。

回国的日子越来越近。厚厚的积雪几乎都融化了，蓝天下是绵延的花田，宛如天堂。

我和那些教给我女性主义的三十来岁的女孩子吃了好几顿告别性户外烧烤和晚餐。就算不去昂贵的餐厅，我们也可以在河边或湖边举办告别派对。

"笛美你是个很坚强、聪明而且勇敢的女性，在日本一定会很顺利的。你可以在日本开一家制作女性主义广告的独立公司。"

即便我觉得这是不可能的，我也没有说"No"，而是先心怀感激地接受了她的建议。

虽说只是很短的时间，但在这里的每一天，我都没有因为自己是女性而感到不快。

从"30 多岁的单身事业女强人"变成普通人的日常生活即将结束。从明天起，歧视女性的日子又将开始。

我还能守住自己的心吗？

第四章

脱离

大叔型社会

重新回来的湿抹布

我结束了在 F 国的旅居生活，于盛夏抵达了成田机场。

机场的装饰性广告、电车里的垂吊广告一映入眼帘，我的心就"咯噔"了一下。啊，在日本感受到的那块沉重的湿抹布，久违地压回了我的肩上。

出现在广告中的女人，很小。不是尺寸小，而是**她们表现出来的存在感似乎特别低**。从她们身上感受到的不是自信和大胆，而是谨慎和克制。

走在街上的女性也比 F 国的女性小。不只是个子矮，她们看上去小而可爱，像是为了不威胁任何人而小心翼翼地存在着。

难道我也要把在 F 国张开的翅膀像折纸一样折小，变回日本的小女人吗？不，我不想那样。我希望尽可能光明正大地张开双翅。我不会再让自己显得渺小，也不会为了显得高大而勉强自己。

在好久没有乘坐的山手线上，有大量脱毛和整形的广告。这可能只是广告碰巧"撞车"了，但我总觉得举国上下都在给人施加"要变美"的压力。

在描绘不同年代和性别的人的广告里，**一定会有穿着校服的女高中生站在中心位置**，老奶奶和妈妈们则被赶到最边上。人种仅局限于日本人，也不存在像是坐轮椅的那类人。无论是面向女性的广告还是杂志，宣传语都是"做自己""做你自己"之类的。但是，"做自己"也好，"做你自己"也好，**这些文字都只被塞进获得男人认可的小框框里，绝对不会有人穿着写有"我们都应该是女性主义者（WE SHOULD ALL BE FEMINISTS）"之类宣传语的 T 恤。**

这个国家有选择眼影颜色的充分自由，却没有选择生活方式的自由。在这小小的自由中，衣服、化妆品、美食、婚活等被推荐的商品五花八门。女孩子只被允许在狭小的空间里表现自我，可当她们适应了这种规则，又会被人嘲笑是

"量产型"。

在游戏和动画的广告中描绘的女孩子，个个羞得满脸通红，胸部大得出奇。她们不像人类，更像是为了情色而进行品种改良的怪物一般的存在。像这样的广告，在 F 国至少不会堂而皇之地放在公共场所吧。就因为是在日本，才会有这种事发生。所有的日本人都生活在对女性的歧视之中。你真是个丑八怪，你这女人怎么这么没用——他们用尽各种手段试图让女性产生罪恶感。

尽管如此，现在的我已不再是那个一味忍受湿抹布的自己。为了把落在身上的湿抹布挑出去，我开始在心里吐槽："可笑的不是我，是你们。"

"活在人间，我很抱歉"的对策 ❀

"活在人间，我很抱歉。"

在了解女性主义之前，这句话一直萦绕在我的心头。但现在我一秒钟都不愿去想它了，所以我会预先察觉到那些可能会让我感到"活在人间，我很抱歉"的地点，并尽可能地避开它们。

在"活在人间，我很抱歉"传感器会有反应的场合中，最具代表性的就是聚会。

在聚餐时喝醉的男性，如果没有什么特别的话题，就会马上把身边女性的外貌和恋爱状态作为下酒菜。

某一次聚餐，大叔们和刚毕业的女孩子聊天。

女生："我交不到男朋友，总是被人当成妹妹看。您觉得我要怎么做才能让对方注意到我呢？"

大叔："你是不是应该打扮得更成熟一些呢？比如留长发之类的？"

女生："是吗，我看起来很孩子气吗？"

大叔："嗯，不过我不太喜欢现在流行的大红色口红，女孩子化淡妆最可爱哦。"

女生："是吗，不过自然妆可是最难化的呢。"

这就是我，20多岁时的我。这场面让我觉得太难受，简直看不下去了。

除此之外，我还需要注意那些在公司里和我闲聊的男同事。

"你很忙吗？脸上长痘了哦。""咦，笛美你之前结过婚了吗？（笑）""最近怎么样？有男朋友了吗？""休息日去踢室内足球，我媳妇儿吵死人了。"

不行了，到我的极限了。饶了我吧。

明明是那么开心的闲聊，我这是怎么了？

让我感到困扰的是，我开始害怕身着西装的男性群体。

可是**在过去，当我被允许以女性身份进入他们这个群体，我明明还会引以为傲呢**。如今，在满是男人的黑色西装的世界里，如果只有我一个手无寸铁的女人，那种压迫感会让我觉得惶恐不安。特别是在女性品牌的企划会议上，要是出席者除了我以外都是男性，我甚至会有一种来到暗黑世界的感觉——"女人都消失到哪里去了？"

如果打开电视，就会看到中老年男主持人旁边，年轻的女助手正眉开眼笑或是点头哈腰地讨好观众，被大家评价为"体贴后辈"或"重感情"的男明星，则拍打着女主持人或女明星来制造笑点。一看到这些，"活在人间，我很抱歉"病就发作了，于是我迅速换了频道。

走在办公室里，贴在墙上的自家公司制作的海报映入眼帘。在一张带有奔跑的上班族形象的图片上，写着"大胆突破""跨越障碍""突破极限""打破束缚"等催人奋进的广告文案，让我感觉内心被紧紧地勒住了。你们被男子气概这个框框牢牢地束缚着，还想在狭小的男性社会中突破什么呢？**哪怕只有一次也好，先试着突破男人气概的束缚吧**。

为了展现"家庭的羁绊"而一味描写母亲的献身精神，这种广告也开始让我觉得难受不已，以至于无法直视。在日本，母亲确实是家务的主体。但是，**"丧偶式育儿"、产后抑郁明明都已成为社会问题，到底要让母亲独自献身到什么时候才甘心？**

有个成天加班、日常生活中根本就不参与育儿的男性创作者，打着"为妈妈加油"的旗号，策划了需要妈妈投入更多精力的儿童益智游戏。看到这个我很想说："有功夫做这些，不如早点回家照顾孩子吧。"可是回顾一下我曾亲自参与制作的广告，我发现自己也做了很多关于母亲献身的广告，并且客户和公司里的人都很喜欢。我也曾在性别分工烙印产生的过程中"贡献多多"。

虽然发生了 #MeToo 运动，我依然听到了大牌创作者的性骚扰传闻。真希望他们能适可而止。这些人要到什么时候才会汲取教训？**他们是为了享受那种在被起诉的边缘豪赌一把的乐趣吗？为了享受片刻的刺激，难道要毁掉一个充满可能性的女孩的一生吗？**

反过来，也有"活在人间，我很抱歉"病不再发作的场景，那就是当我看到带着婴儿的妈妈的时候。以前自己曾因没生孩子产生罪恶感，一遇到妈妈们就会冷汗直流，但现在这种感觉已经消失了。毕竟我意识到，无论是否结婚生子，人的价值都不会因此发生改变。将来我可能也会生孩子，而这些妈妈正在为那样的未来开辟道路。所以我觉得我们不应该是敌对关系，我应该支持她们。

当我看到年轻的女同事，也不会再想到"活在人间，我很抱歉"。过去我曾担心她们会取代我的位置，总感觉受到了威胁。但是现在，当我看到她们对男同事的性骚扰一笑了之，即使加班也保持好妆容，我会变得忧心忡忡。**或许是因为女性创作者如果通过不了中老年男性的"过滤"就无法功成名就，她们才会被要求做出男性能接受的企划或者行为。**然而，即便女性创作者制作的面向女性的广告中出了热门作品，不知是不是这份成果难以让大叔理解，它们也并不会得到惊人的好评。我之前也多少意识到这种事，只不过现在我更加确信了。她们被冷落、被排挤，实在很可惜。我真心期盼着，在悬崖边上穿着最新款单一色调的服装，脚踩高跟鞋勉强前行的她们，能平安地发挥自己的才能。

只有在看奈飞公司（Netflix）播放的海外电视剧或电影的时候，"活在人间，我很抱歉"的想法才不会冒出来。我能感受到，那些影视剧是国外花费预算制作出来的贯彻女性主义精神的作品。想必工作人员和观众中都有女性主义者吧。我简直难以相信，竟然存在着这样一个满是女性主义者的世界。它是平行世界吗？把国外的女性主义内容当作氧气瓶来用，勉强让我度过了女性歧视的日子。

以前，我为了让自己尽显低姿态花费了不少精力，但现在我开始用平等的心态对待别人。无论是和大人物还是客户说话，即便使用敬语，我至少也能保持平等心态。我觉得这样比显露低姿态消耗的能量更少，反而更能尊重对方。

在反复这样做的过程中，我发现自己在面对男性和女性时身体反应是不同的。和男性在一起的时候总觉得有些紧张，和女性在一起的时候更加放松。这本身是好事，但没处理好的话看起来可能会像是轻视女性。不过我也因此切实地感受到，自己已把女性歧视这件事刻在了心里。

我决定像 F 国的那些女性一样，想做什么样的工作，想和什么样的人交往，就毫无顾忌地表达自己的意愿并大胆说出来。渐渐地，我能尽可能地说出"No"了，在面对别人的性骚扰性质的发言时，也能尽量不强迫自己强装笑脸。有人对我说些可笑的话，我也能回嘴了，哪怕只是一句"嗯？"看到帅气的男同事说什么"女人应该尊重男人"，我也会开始在心里吐槽"表面看着还挺潮，内在却还停在昭和时代啊"。在这样那样不断尝试的过程中，我得以在很大程度上远离"活在人间，我很抱歉"。

我还捡起了自己之前放弃的一些领域的学习，也开始重学外语，以便随时可以出国。在谈到企划相关事宜的时候，我会有意让自己充满自信地发言。**我把没有自信这件事叫作"骗子综合征"** [①]，**因为我意识到这不是我个人的问题，而是很多女性因女性歧视而不由自主产生的心态。**

就连知道我这种自我贬低的性格，但连女性主义的"女"字都不知道的男前辈，也开始对我说："你最近有自信了，给人感觉挺好的。"可以说，女性主义也能给职场带来积极的影响。

虽然回不了 F 国，但我的心里还是有 F 国的。女性主义给我带来了心灵的安宁，这是励志书和占卜都无法带给我的。我的心情，简直就像是发现了北极星一样。

---

① 骗子综合征，是一种心理状态，主要指即使自己得到了很高的评价，但由于内心无法肯定自己的实力，所以无法坦率地接受这种称赞，反而会产生一种像骗子欺骗他人般的感觉。

渐渐看到男性社会的法则

对女性主义的了解，让我对男性的行动原理产生了兴趣。看着公司的男同事，就会发现那里存在着男性社会的法则。

·男人要力争上游

他们的行动原理是立志奋发向上。总之，一切都是为了让自己爬到更高的地位，他们为了确认自己身处更高的地位而活。不仅是工作能力，就连自己是否足够搞怪耍宝、言行是否足够疯狂等也要与他人一争高下。一旦处在下风就完了。

·男人不要违抗上级

他们基本不会反抗年长或有权力的男性。《半泽直树》①里的那种以下犯上只不过是一种幻想。

·男人不做不起眼的工作

男人不想做那些与高地位不相称的、毫不起眼的工作。他们想尽可能地让比自己地位低的人，也就是女人或比自己年纪小的男人来做这些活儿，自己则想干些引人注目的大事。

·男人不能失败

都说"失败是成功之母"，但暴露自己的失败则是禁忌。即使失败了，也应表现出没有失败的样子。

·男人要和男人在一起

都说广告公司是聚集多样性人才的"人类动物园"，但实际情况是，它只不过是"男人们的动物园"。即便也有把女人暂时送进动物园的时候，但其质量和数量似乎还是由男

---

① 《半泽直树》，2013 年播出的一部日本电视剧，其中的主角即银行职员半泽直树，经常在职场中以下犯上，勇于挑战组织规范。

人们控制。

· 男人要把女人当下等人对待

即便是上司、演员、客户，女性也都低人一等。能粗暴对待女人到什么地步，是决定男人等级的一大要素。比起受女人欢迎的男人，受男人欢迎的男人更有本事。哪怕男人提出有性骚扰性质的企划案，也是为了提升自己在男性中的地位吧。

我明明做了 10 年的公司职员，为什么在此之前都没有注意到这些法则呢？一直以来，我是靠着强装笑脸、点头哈腰幸存下来的，但我也曾对此感到迷茫。如果能更早注意到男性社会的法则，我就能更有策略地以他们所追求的女性形象为目标并加以实践，在降低他们的警戒心的同时巧妙地利用他们，那样或许我能取得更大的成功。

哪怕是婚活，如果我了解男性社会的法则，或许就能彻底地、毫不迷茫地演绎出男人所追求的"媳妇"形象。说不定我最后还能成为婚姻诈骗犯去骗钱什么的——虽说现在我知道了女性主义，所以绝对不会那么做。

F 国的男人们说不定内心也有歧视女性的想法，但他们不会将其公开，因为对他们来说，歧视女性是令人羞耻的事吧。但是在日本，有太多的人公开表示歧视女性才是男人气概的证明。这两者的区别到底是源于什么呢？

不过男人可真不容易啊。生活在这种死板的法则中，会不会因深受重压而精神失常？为了摆脱这种压力，他们会利用女人来消愁解闷吗？如果男人也能自由一些就好了。

但我也能理解他们想不断往上爬的心情。就连我这个女性，随着年龄的增长，可以自由支配的钱也越来越多。有钱就能住得离市中心更近，而如果已经住在了市中心，就会想住在更中心的地方。

在外面吃饭，也会经常想去更好的饭店。一旦开始在晚上坐出租车，早上和中午也会开始想坐出租车。一旦有了名牌商品，就会想要更高级的名牌商品。我现在终于明白，和我一起入职的东京出身的同事，为什么会执着于那些在我看来微不足道的差异。

天外有天，人上更有人。

自己到达一定的高度之后，总会想要再往上爬一层，如果往下走就会觉得自己输了。而想要放弃竞争，就会觉得自己必须有足够的理由。在不断往上爬的过程中，视野会变得越来越窄，甚至会觉得日本人全都住在市中心，全都会去环境雅致的饭店吃饭，会享用名牌商品。可是，绝大部分看广告的人明明都不住在港区。

广告界的佼佼者们真的幸福吗？我不认为总是加班不回家，经常实施性骚扰或职权骚扰的人真的幸福。我见过一些人，他们在无名的时候都是很谦虚的好人，成名后性格却变得很强势。广告不是一个人就能做的，就算是明星创作者，也是在很多人的支持下才得以成就自己。但是，**无论何时都必须比别人优秀，无论何时都要把功劳归于自己，如果不断受到这种压力的驱使，就会产生一种总想用力量压制住威胁自己的人的心情**，这种心情我觉得自己也有。使唤别人，或被人使唤，只要身处这样激烈的权力游戏中，就会一直被这种焦躁感包围吗？

努力的方法 🍀

今天的商谈依旧持续了很久。

会议室里，我感觉自己像是要腐败变质了，这期间我还一直打量着男同事们。和过去一样，参会的只有我一个女人。大家围绕着同一件事翻来覆去地说，还没决定好下次开会前要做些什么，商谈就结束了。我原以为生产力低不过是效率问题，但其实他们可能就是喜欢长时间的商谈。好一个把家务和育儿全部丢给妻子，自己拼命加班的男性社会。

上司说："加油。"

下属回答说："我会努力的。"

"努力"具体是用在什么样的任务中呢？不明白为何

要"努力",大家只是在各自的岗位上孤独地抱着"努力"活着。

只需"努力"的工作很辛苦,但也很轻松。因为无须考虑目的或是改善对策,只要一味顺从就行。不知不觉地,人就会放弃改善问题,成为一个毫无感情,只会服从客户和上司无理要求的机器。这是最轻松的做法。对着过于无理的要求一通臭骂,还有利于与同事建立团结性,也可以说是一种乐趣。

和 F 国的人比起来,日本人的能力更差吗?

是没有能力所以生产效率低,并且倾向于长时间劳动吗?

不,并不是这样。

日本人在很多方面都很优秀,其中最优秀的,是日本人都勤奋努力。两国之间不同的应该是"努力"的方法吧。日本人把这种"努力"过多地用在了忍耐苦痛上。

然而 F 国的人不会无底线地忍耐。毕竟他们的社会被打造出来,就是为了让人在不拼命地进行无底线的忍耐的情况下,也能活得像一个人。就是为了建设这样的社会或是社区,他们才"努力"吧。

　　F 国的人能做到的事，日本人不也能做到吗？毕竟大家都是人啊。如果能把日本人为了忍耐而进行的"努力"——哪怕只是其中的一小部分——用于减少社会上的苦难，那么这世上不就会发生相当大的变化吗？

丈夫死亡笔记之发现

有一天，我在推特上搜索女性商品的口碑。那是我头一次知道，许多日本已婚女性会用匿名账号在推特上诉说自己的苦恼。

#丈夫死亡笔记 /#丈夫去死 /#讨厌丈夫 /#吐槽丈夫 /#丈夫给的压力

这都是些什么啊……

我以前嫉妒的那些"结婚生子后实现身为女性的幸福的人"，因在家庭中被期望承担过多的工作，或是因伴侣不理解自己而暗自烦恼。同样的文字我在 Instagram 上也看到了。

"# 丈夫死亡笔记"被媒体报道后，"女人好阴暗、好可怕"成为一时话题。但我反而对不少丈夫逃避育儿或实施精神虐待、家暴这些事实感到可怕。我觉得这其中最为可怕的，是让他们变成那种丈夫的社会结构。这些匿名的人单纯只是想吐槽，并没有想到要去解决问题或公开发声，她们反而像过去的我一样，把女性主义和可怕的女性形象联系在一起，认为那些与自己无关。但是，因女性承受的结构性歧视而产生的烦恼，在日本的的确确是存在的。

我从结婚几年的朋友那里，也听到越来越多她们对伴侣的抱怨。

"老公完全不做家务。""老公都已经是长子了。"①

她们想的那些，与推特和 Instagram 上的内容非常相似。我认为她们的另一半一定是好人，但**即使是这么好的人，最终还是会依赖妻子做家务、带孩子，两人无法成为平等的伴侣**。我很想对这些丈夫说，拜托你不要浪费我朋友的

---

① 在日本，女性与某个家庭的长子结婚，往往会面临更多问题，例如需要和男方父母同住，承担照顾老人的职责等。

人生。不过或许每个家庭的情况都有所不同吧，这种话我到底还是说不出口。

朋友讲完了关于伴侣的烦心事后，把话题丢给了我：

"笛美，你没找到个好男人吗？"

可是，在听了这些关于婚姻的丧气话后，我无法毫不犹豫地说自己还想结婚。

对于那些因伴侣而苦恼的女性，也有人会说她们"没有看男人的眼光""选择了这样的男人是自己的问题"。如果只有一个人在"＃丈夫死亡笔记"话题底下发牢骚，那可能是个人问题。**但如果这么多人都因此而苦恼，那不就是个社会问题吗？**我想让所有在这个话题底下发牢骚的人都知道，这种苦恼既不是她们的丈夫或她们自己的问题，也不是爱情或羁绊的问题，它是由大叔型社会对女性的歧视造成的。

只不过，要怎样才能让她们注意到这一点呢？

我能做些什么呢？

尽管世界上正刮着性别平等之飓风，但只要打开日本的电视，别说飓风了，能看到的只有明星们对美食和最新景点资讯做出的激烈反应，简直就像在玩和平游戏。

看到日本商品的外国人会连连赞叹"日本真厉害"。日本很和平，这种和平建立在歧视女性的基础之上。全世界都在致力于解决歧视女性的问题，日本却处于加拉帕戈斯化 ① 的状态之中。坚决与时代潮流背道而驰，很厉害嘛。

难道说，电视台的人也不知道日本歧视女性问题的严重性吗？还是他们明知道却故意隐瞒？电视台是给国民洗脑的反派首领吗？

不……**最现实的原因，是大家认为提性别差距的事无法获得收视率吧**。至于为什么需要收视率，大概是因为电视台需要从企业那里获得广告收入。更多的人看节目，就有更多的人有机会看到广告，那么企业就会在电视台投放更多的广告，支付更多的广告费。

在电视上不提女性歧视的内容，在美食和娱乐节目中玩和平游戏，这些都是为了赚取广告费吗？如果是为了让维持我生计的广告界赚钱而隐瞒日本的女性歧视问题，那么日本就真的没救了。这是多么大的讽刺啊。

---

① 加拉帕戈斯化，是对市场在与外界隔绝的环境下独自发展，结果与世界标准脱节的状态的揶揄。

隐秘的女性主义者

　　有一天，我忽然想起去网上搜索"女性主义"这个词，接着便出现了研究女性主义的大学、研讨会等信息。

　　嗯……除了学术方面，有没有适合我这种上班族的女性主义呢？于是我在前几天发现"#丈夫死亡笔记"的推特上试着搜索了"女性主义"，发现用日语谈论女性主义的人确实是存在的。

　　日本也有女性主义者！

　　虽然看不到对方真实的样子，也不知道有多少人，但可以确定是女性主义者写下的文字。这可是很大的发现。

　　我第一次主动发布与女性主义相关的推文，是在 2019
年西武·崇光百货的新年广告引发性别论战的时候。那则报
纸广告，是一张女性脸上被扔了奶油派的图片，上面写着这
样的文案：

　　　　因为是女人，所以被强迫。

　　　　因为是女人，所以被无视。

　　　　因为是女人，所以被扣分。

　　　　每当有女人生存艰辛的事情被报道，

　　　　"女人的时代"就离我们更远一些。

　　　　今年，时代终于改变了。

　　　　真的吗？可以期待吗？

　　　　如果只是用"活跃""进军"来吹捧的"女人的时代"，

　　　　那么我们认为它永远不需要到来。

　　　　在时代的中心，没有男人，亦没有女人。

　　　　我，只想赞颂我的出生。

　　　　应该到来的，是由每一个人创造的，

"我的时代"。

仅是这么想象一下，就很让人激动了吧。

我，就是我。

这明明该是一部触及日本广告界禁忌——与歧视女性相关的野心之作。广告里甚至还提到了当时成为热门话题的，关于医科大学入学考试中女生被扣分 ① 的事。可是**好不容易提起了与歧视女性相关的问题，却没有提及其原因，也就是以男性为中心的社会结构，只是把问题交由女性调整心态来解决。**

但我在一定程度上也了解为何企划会被制作成这样。站在日本广告界的角度考虑，如果只让一味生气、悲伤的女人出镜，会被大家认为过于消极。"无关男女，我就是我"，**像这样描绘积极努力的女性，对日本广告来说才是正解。**即便如此，了解了女性主义之后，我再也无法假装没看见有人扔来奶油派，还表现得积极向上、欢欣雀跃了。

---

① 指日本东京医科大学为控制女生录取人数，给女考生成绩扣分一事。

无论我说什么，肯定都无法传到广告界的人那里。但这也没关系，我是一个了解女性主义的人，好歹也算是一名广告创作者，我希望自己思考的东西能够成形。这么一想，我赶紧动手写下笔记。

*

关于西武·崇光的广告，请允许身为女性广告人的我谈谈自己的想法。先说结论，**感谢大家因此而愤怒**。

制作这条广告的人，无论男女，应该都是在这个男性占优势的广告文案界，制作过大量备受好评的广告，并在一拼再拼之后才最终赢得这份工作。

我知道，业界人士对这条广告给予了很高的评价。

迄今为止，**男性创作者制作支持女性的广告，都是出于这种想法——明明是在呼吁男女平等，可是不知为何，广告里总会出现女高中生或是带上一些毫无必要的情色意味。嘴上说着支持女性，实际上要么把女性当傻瓜，要么挑起她们的自卑情绪**。这样的广告，与其说是为了社会上的人制作的，不如说它们更多是为了**获得以男性为中心的上班族社会的认可，或者在以男性为中心的广告创意沙龙中获得好评而**

制作出来的。这样一来，自然会招致那些真心想要改善女性处境的人的反感。**在广告界，没有人不曾受厌女情绪的影响，包括我在内**。但是，谁都不会真的觉得自己讨厌女性，甚至有些人觉得女性理所当然是值得被尊敬、仰慕、敬佩的。然而就连**广告界的女性也把女性自身当成傻瓜，最后只能自食其果**。所以，广告界的人们或许根本没想过，会有这么多人对这条广告如此愤怒。

……

讨论广告企划的会议室，女性根本无法进入。

即便进入了，也无法发声，无法让他人听到。我自己也没能做到，非常抱歉。

这样一来，**只能等到女性顾客发火，他们才会有所察觉**。

虽说这样很可悲。

虽说像这次这样为了支持女性而制作的广告很令人遗憾。

但我还是希望广告公司和客户多少能意识到，这个世界因此而愤怒的人不在少数。

*

我最终还是没有勇气用真名，于是决定匿名发布。由于是关于女性主义的吐槽，本想取名叫"小笛"①，但又怕被人看不起，就想取个稍微能透露真实身份的名字，最后便用了汉字的"笛美"。

因为不能露脸，我便画了一张插图，上面是一张寓意"不再沉默"的脸。比起粉色、米色等看起来很柔弱的颜色，我特意选择了看起来令人不快的蓝色作为肤色。

结果，我收到了意想不到的反响，文章的浏览量最终突破了 9 万次。

一位从事宣传工作的女性对我说："我的意见在男性社会也不被认可，我感到很委屈。"翻译了《82 年生的金智英》一书的斋藤真理子也回复说："感谢你为我们发声。"

我真的很庆幸自己不是一个人，也很庆幸自己发表了个人的看法。

第二天去公司的时候，我担心自己写的那篇笔记被人发现，紧张到浑身发抖。之后我还鼓起勇气问了一下同事：

"西武·崇光的新年广告引起争议了，你知道吗？"

"嗯，你说什么？"

别说是我的笔记了，那个人连那条广告引起争议的事情

---

① 作者名字"笛美"中"笛"的日文发音近似"fue"，与"女性主义"单词"feminism"前两个字母"fe"的发音相像。

都不清楚。是不是业务太忙，根本无暇顾及其他公司或整个业界正受到的争议？

话说回来，我经过确认知道了女性主义者在网络上是存在的，这本是件好事，可人们大多是匿名的，我内心很害怕那些从未见过的人。不过女性主义者所说的在家庭和职场中遇到不平等、遭遇性犯罪并因此受到伤害的经历，感觉就像我自己亲身经历过的一样。对朋友和同事难以说出口的歧视女性的事，换到推特上就能够说出来。我觉得能用日语谈论女性主义简直堪称奇迹。

经常会有人认为女性主义者"过激"。然而，女性主义者们讲述的经历，与女生聚会时大家对丈夫或上司的抱怨其实非常相似。只不过女性主义者的不同在于，他们能意识到这不仅仅是自己的问题，而是社会上存在男女不平等的现象，并且他们会想要去解决这个问题。**只会抱怨丈夫或上司的人不会遭到任何批判，但如果谁想要去改变这些，那么这个人做出行动的那一刻就会被指责为"过激"，这是为什么呢？**

我也开始读与女性主义相关的书。在性别相关书籍的狭窄陈列区购买女性主义书籍，别人会怎么看我？会觉得我是个可怕的女性主义大妈吗？一开始，我买这些书时还有些惴惴不安，但后来相关书籍的陈列区逐渐增多，甚至还开设了展销会。

《82 年生的金智英》、《女性的权利》、《女性主义者格斗俱乐部》（*Feminist Fight Club*）、《从那些"几乎不存在"的事件看社会》（『「ほとんどない」ことにされている側から見た社会の話を。』）、《美容是自尊心的肌肉锻炼》（『美容は自尊心の筋トレ』）、《以爱之名》、《厌女：日本的女性嫌恶》、《我们需要语言》（『우리에겐언어가필요하다입이트이는페미니즘』）、《过了 40 岁就活得轻松多了》（『40 歳を過ぎたら生きるのがラクになった』）、《使女的故事》、《乳与卵》①……我真希望自己能早一些看到这些女性主义的书。感觉它们就在图书馆或是书店的一角，静静地等待着被我们发现的那一天。

翻开女性主义的书，就像打开了潘多拉的盒子，一直以来被掩盖的女性的声音源源不断地冒了出来。迄今为止，男

---

① 以上书籍，在中国已出版的使用出版时的译名，未出版的则附上书籍原名。

性作者描绘了众多女性形象，但他们笔下的女性的姿态或想法，或许只是被截取的一小部分而已。女性主义书籍里既有挖掘过去伤痛的内容，也有令人痛苦和疲惫的内容。事实上直到现在，为了不让自己感到疲惫，我只能读一会儿休息一会儿。

我也因此认识了上野千鹤子、田岛阳子这些从很久以前就开始宣扬女性主义的女性，以及致力于解决性教育、性犯罪、性和生殖健康及权利等相关问题的积极分子。

在当代的日本，竟然还有人会为大家做这些事！

之前我无法理解，为什么女性主义者们哪怕遭人讨厌也不掩盖愤怒，现在我终于明白了那种心情。

日本落后于各国消除性别差距的速度，国际地位也随之下降。女性明明发出过求救信号，并且这些信号以少子化、贫困化等形式出现，可问题却迟迟不见改善。为了改变如此糟糕的日本，女性主义者们宁愿被人憎恨，也要发出呼吁。**抱着一种文艺复兴时期的人遇到古希腊、古罗马时代的艺术作品时的心情，我发现了女性主义。**

顺便一提，我曾特别担心自己一旦成为女性主义者，就会突然变成可怕的"妖怪女性主义大妈"，但其实我的外表和行动都看不出有什么太大的变化。

哪怕只是在自己的日常生活中，我也想着是否能为歧视女性的事做些什么，于是我进行了各种各样的尝试。例如，在意识到身边的人歧视女性时，我会试着去阻止对方。但是我做不到直接有力地反驳，比方说有人在会议上提出显得很低俗的企划案时，我最多就是可爱地说一句："嗯……这很无聊吧（笑）。"我陷入了日本女性惯有的谨言慎行模式。由于一提到女性主义、性别之类的词就会备受关注，因此我想尽量用日常用语来表达自己的想法，但这很难做到。

我也曾试着向值得信赖的男性朋友讲起关于歧视女性的事。

我："我觉得对女性来说，日本还是一个难以生存的国家。"

他："嗯……不过我觉得和过去一段时期相比，现在正往男女平等的方向发展呀。"

我："是吗？举个例子，你不觉得公司领导层里总是男性居多，但打零工的就是女性居多吗？"

他："啊，也许确实如此。"

我："有妻子支撑着家里，男性可以功成名就，女性却不行。你不觉得这是歧视女性吗？"

他："但是也有对男性的歧视吧？"

我："唉……"

谈起女性非正式员工多的话题时，他说："**可是，女性也希望能依靠男人。**"

谈起电车里的色男，他则回答我说**"也有色女的""还不是有人被冤枉了"**。

他似乎认为"女生节""妻管严""女性专用车厢"等都是对男性的歧视。

当我说"男性认定女性的无知并进行说教，就叫作男性说教（mansplaining）哦"，他露出非常尴尬的表情说：

"这种话最好不要在公共场合讲啊。"

我觉得这正是所谓的"男性说教"，但又不想和他吵架，只得把话咽了回去。他是个性格好、很温柔的男性，也愿意倾听我说话。但温柔和性别观之间毫无关系。**男性似乎比我想象的更坚定地认为，自己才是受到了虐待，女性则是受到了优待。**是什么让他们产生这种想法呢？在那之后，我一时无言以对。

　　我听说，F 国男性无论觉悟高低，都知道自己身为男性的特权，而为了不滥用特权，他们会很注意不进行性骚扰和职权骚扰。日本的男性明明比女性受到更多的优待，为什么他们面对女性时甚至还会有受害者意识呢？两者之间根本的不同，是在于教育吗？而在教育方面，我认为日本这个国家的立场表现得尤其明显。

　　如果想让日本成为对女性来说更容易生存的国家，那么只要增加国民的代表——政治家中的女性比例就可以了吧。我在网上查了一下，发现日本众议院的女性议员约占 10%。虽然多少有些心理准备，但看到比例低到这种程度，我还是备受打击。**推动着女性政策、育儿政策的人，主要就是这些把家务和育儿全都丢给妻子的大叔政治家吧。**和"艳粉现象"一模一样的事，一定也会在政治领域上演。如果我们女性不选择一个能意识到这种现状、能代表我们的政治家，政治就会越来越不利于女性和儿童。

　　这么说来，日本的政治家中就没有女性主义者吗？
　　我在网上搜索"女性主义者议员"，找到了曾成为一时话题的"过于可爱的市议员"——前八王子市议员佐藤梓的博客。我很佩服日本能有这么优秀的，和我年纪相仿的议员，也很遗憾为什么媒体只是一个劲儿地报道她的外表，却没有告诉大家她的想法。

但就在那时，她遭到保守派和自由派男性支持者的性骚扰，辞去了市议员一职。

这是多么可惜的一件事啊……

可以想象，无论是保守派还是自由派，政治世界对女性来说都是一个严峻的世界。

尝试参加女权运动 🍀

2018 年的新年，女大学生团体 Voice Up Japan 对刊登在《周刊 SPA！》上的"最好睡的女大学生排行榜"提出了抗议。尽管作为职场人的我既没有露脸也没有露名字，但当我看到以山本和奈为首的大学生以真名露面，并冲进"SPA！"编辑部与之对话的整个过程时，我还是为之捏一把汗，并关注着事态的发展。最终，"SPA！"为物化女性一事道歉，并制作了关于性认同的特辑等，抗议取得了极具建设性的成果。我意识到，**呼吁对女性权利的关注并不是一种申诉或是无端找碴儿，而是一种沟通和对话。**这本来就是广告最擅长的领域。

我也想在现实中采取一些行动，而不是只做个旁观者，于是孤零零地参加了呼吁关注女性权利的游行。为什么说是孤零零呢，因为我从未和现实中的朋友谈论过女性主义，很害怕他们会拒绝我关于参加游行的邀请。光是第一次去会场就让我紧张不已，而和初次见面的人一起举着标语牌，高喊口号走在街头，对我来说更是难度极大。这大概是因为，用正常的声音都无法对朋友说出口的女性主义的话题，我却要站在大街上高喊出来，自己还没有调整好心态。

在 F 国我能够愉快地参加游行，应该是社会氛围比较温暖的缘故吧。在日本很多人都看不惯游行，我能从沿途的气氛中感受到他们的迷茫，而我自己也有同样的感觉。游行结束后，胆战心惊的我拖着瑟瑟发抖的身体回家了。

不过，也有一些我觉得比较容易参加的活动，"鲜花示威"就是其中一个。2019 年年初，实施性犯罪的人却被判无罪的消息接连不断地传来。其中，一位父亲对当时年仅 12 岁的大女儿实施性侵却被判无罪的新闻，让我震惊不已。日本制裁性犯罪的法律规定，**如果不能证明受害者对暴力、胁迫等做出了坚决的抵抗，就不能定罪。**并且，从女性是男

性附属物的明治时期开始，这条法律就几乎没有发生过改变。如果是 F 国的女性，一定会对这种不可思议的判决发声吧，但我一个人什么也做不了。该怎么办才好呢？

就在这时，有人在推特上呼吁大家"带上花儿来相聚吧"，于是我溜出公司赶到了东京站。站前的行幸大道上聚满了手持鲜花的人。大家没有大声喧哗，只是静静地倾听从事性犯罪研究等相关工作的人们以及曾遭遇性犯罪的受害者们的陈述。当时的氛围是如果自己想说些什么也可以发言，当然也不是非说不可。

虽然是"示威"，却留出了安静而柔和的空间。参与者拿不拿标语牌都可以，只要拿花就行，这一点也帮了我大忙。哪怕不是实物的花，只要是有花纹的物品都行。标语牌上有一看就懂的语气强烈的信息，因而在到达示威会场前会吸引众人的视线。但如果拿着的是花，看起来就像是刚参加完欢送会回来的人一样。来到会场，会有许多拿着花束的人聚集在一起，这便会成为只有参加者才懂的暗号。示威结束后，将鲜花装饰在房间里，还可以抚慰心灵。不过，尽管是如此令人安心的示威，我在去会场的时候还是全身僵硬，抖得厉害。

随着我对女性主义的关注日益增多，社会上关于性别话题的讨论也愈发热烈。日本的性别差距指数从世界第 110 位跌落至第 121 位一事成为热门话题；上野千鹤子在东京大学入学式上的致辞（2019 年 4 月）引发了热议；为了迎接东京奥运会，便利店决定下架成人杂志（2019 年 8 月）。

我还满怀激动地关注着 #KuToo 运动在推特上的发起。写真女星石川优实抱怨了在职场中穿高跟鞋的痛苦，很快获得了大量的支持者，于是将"鞋子"①和"痛苦"组合在一起，"#KuToo"这个一语双关的话题标签被广泛传播开来。

在连性别歧视的存在都不为人知的日本社会，能从穿鞋这种日常小事注意到对女性的歧视，我觉得这个活动再合适不过了。活动收到了数万个请愿签名，甚至惊动了国会，最终"#KuToo"还获得了流行语大奖。

广告代理公司哪怕花费数亿日元、投入大量人力都不知能否成功的活动，石川凭一己之力就成功发起并惊动了国会。这让我震惊不已，甚至全身发麻。

然而，对"只让女性穿高跟鞋是性别歧视"这一主张持

---

① 日语中，"鞋子"的发音"kutsu"和"痛苦"的发音"kutsuu"非常相似。

反感态度的男性们，开始抨击石川的行为"过激"。

"女性在职场请穿高跟鞋"和"不要只强制女性穿高跟鞋"这两种意见里，哪一种更为过激呢？我觉得，强迫别人做什么才是过激的吧？

强迫女性穿高跟鞋的人在这个社会上确实存在，但他们绝不会公开表现出来。不过当女性为此发声，就会受到他们的格外关注甚至是抨击。

此外，强生公司面向求职学生发起了"#求鞋"活动，让我既高兴又惊讶。这是一个不强制穿皮鞋，而是推荐学生穿运动鞋去求职的企划，并且它还传达了这样的信息——如果你不得不穿皮鞋，请用创可贴保护好磨脚的地方。企业确实认识到了 #KuToo 运动。这个世界是紧密相连的。

广告界的大人物们经常说"要创新"。我认为"#KuToo"正是一种创新，并且广告公司也可能发起与之相似的运动。

可是，什么都没有发生。这是为什么呢？

广告界的人说："创新源自边缘。"但实际上我们可以看出，女性主义者们似乎一直就处在边缘地带，他们一边冒险一边进行创新。而广告代理公司与其说处于边缘，不如说是处于社会的正中心，或许它们无法承担率先传播新价值观的风险，只能接受那些已经在某种程度上成为话题的活动。

　　身处广告界的我，必然无法发起真正意义上的革新吧。但是，为了那个有朝一日可以制作女性主义广告的时代，**我想自己至少要成为这样一个人，一个用钱或加油助威来支持那些始终在努力的女性主义者的人。**

"闪耀的女性"的真实面目

女性主义者们在网上遭到了猛烈的抨击。我注意到，那些挑事的账号不知为何都把日本国旗作为账号头像，并且其中有很多人都支持当时的首相安倍晋三。

他们为什么要攻击女性主义者呢？

安倍标榜的"推动构建闪耀女性光彩的社会"，难道不是女性主义的体现吗？我开始产生这样的疑问。

之后我对此有了极具冲击性的发现。以安倍首相为首的安倍政权的政治家们，大多加入了"日本会议"这一持有神道价值观的保守团体，他们似乎相信"男主外，女主内"这一父权制下的性别观。安倍也曾抨击女性运动、对无性别歧视应对过激。

等等，这是怎么回事？

是说在国民中人气颇高、可爱的安倍持有父权制的性别观吗？他看起来明明是个非常好的人啊。不想提升女性的权益，又想让女性闪耀光彩，这是什么意思？我一时无法理解。

"女性活跃"①虽然鼓励让女性劳动力灵活就业，但它并不是为了消除女性在工作时受到的各种歧视而实施的政策。因此，女性非正式员工过多这一现象并未得到改善，家务、育儿都由女性来做的情况也没有发生改变，女性高管的比例也没有增加。这就造成了性别差距指数逆时代潮流而动，持续跌落。我有种感觉——"女性活跃"一词本是为了避开"男女平等""消除对妇女的歧视"等说法而使用的，但它的

---

① 女性活跃，即《女性活跃推进法》，全称为《关于推进女性职业生活活跃的相关法律》。该法律于 2015 年 8 月通过，旨在让希望在工作上大显身手的所有女性都能充分发挥自己的个性与能力。

背后却包含了他们真正的意图。

安倍似乎很"保守"。"保守"是什么？把照顾家庭的责任强加给女性，让她们在外面作为非正式员工发光发热，为了不威胁到男人的地位至少需要养育两个孩子，这就是保守吗？不去保护女性远离性犯罪、贫困等风险，真的可以称为"保守"吗？我认为喜欢日本传统文化、古典作品的自己是保守的，可如果坚持女性歧视是保守的话，那我应该就不算保守了吧？

在我 20 多岁的时候，安倍政权在女性身上寻求的理想形象不知不觉吸引了我的眼球，让我想成为集事业、结婚、生子三者于一身的"闪耀的女性"。但是政府始终没有把女性当作人来平等对待，而是让我们生孩子、工作、干家务，甚至还要求我们闪耀光彩。

这就是所谓的"闪耀女性光彩的社会"吗？

用光鲜亮丽的文案吹捧女人，实则是想让她独自背负日本社会的课题吧。这是多么完美的沟通战略啊，我完全上钩了。

政府的想法不仅会影响到政界，还会影响到整个社会。

安倍的支持者对女性主义者的攻击，或许就是其中的一种表现。我觉得不仅是那些针对女性主义者故意挑事的男人，我的男性朋友们或者社会上的男性，或多或少地也持有与政府的大人物相似的女性观。最近，连广告文案也开始频繁使用"闪耀"这个词。

不过我不是受国家管理的母牛，不想被政府强制结婚生子，**我想自己做决定**。比起被逼着"赶紧闪耀光彩"的母牛，我更希望成为即使不闪耀也能安心生活的人。

难道政府是给国民洗脑，让女性受苦的"邪恶轴心"① 吗？

不，我不这么认为。

这种荒诞童话般的事情在现实中是不会发生的。现在政府的那些人，一定是在他们的宗教价值观允许的范围内，采取了最佳的女性政策吧。是我们市民选择了这样的政治。我一直对"闪耀光彩的女性政策"这一命名充满期待，却未能详细了解其内容和思想，而是将政治抛在脑后。但是政治是

---

① 邪恶轴心（axis of evil），是美国第43任总统乔治·沃克·布什于2002年1月29日在其发表的国情咨文中，对朝鲜、伊朗、伊拉克进行批判时采用的总称，意指"支持恐怖主义的国家"。

与我们相连的。正因为市民认为女性不是什么了不起的存在，歧视女性的政治家才会在选举中当选，这个社会才会变成一个对女性来说生存艰辛的地方。

从政治家的角度来看，这也许只是"女性政策没有进展"而已。可我一生只有一次的20多岁，却再也回不来了。

我认为信仰任何宗教和思想都是自由的，但有必要把喜欢歧视女性的人选为政治家吗？如果他们能力出众，至少不应该对歧视女性的行为视而不见吧？

我想起了前辈曾告诉我的"纯粹接触效应"。我们有一种习惯，就是会喜欢上自己经常能看到的明星或商品。因此，频繁出现在众多媒体上，并且善于表现自己的安倍让人不自觉地产生亲近感，也是理所当然的。安倍一定是个非常好的人。证据就是，只要是和他一起吃过饭的人，都会变得特别喜欢他。如果我也能和安倍成为饭友，一定会被他迷得神魂颠倒吧。

我曾想和大家一起喜欢安倍。

可是，为什么现在……？

感觉自己好像变成了卖国贼，恐惧不已。

第二天上班的时候，我紧张到瑟瑟发抖。大家都喜欢安倍吗？他们知道日本会议的事吗？他们是怎么看待"女性活跃"的呢？抱有疑问的，难道只有我一人吗？

我感觉全世界好像只有我自己知道了日本隐藏的巨大秘密。

知道世界秘密的英雄在不为人知的情况下拯救世界的故事很常见，可要是落到自己的身上，它只会是一个惩罚游戏。安倍的那些反对男女平等之类的都市传说般的发言，谁会愿意听我讲呢？别人只会觉得那些是我这个大龄剩女的夸大妄想。

过了些日子，有一天我在午休时走在街上，看到马路对面有一面写着"日本会议"的旗子。一个从年纪上看像是有儿女、有孙辈的极其普通的老爷爷，正手持喇叭发表演讲。"日本会议"不是都市传说，它就在我的身边。说不定过去我也曾遇到过，只不过太忙了没能注意到。"看见"和"发现"，原来有这么大的区别啊。

支持"日本会议"的老爷爷，相信任何思想和宗教都是自由的。

而我，不会再让你们决定我的人生了。

无法逃出的迷宫

受到那些女性主义者的影响，我一边想着如何在工作中提高女性的地位，一边一如既往地干着日常业务。也就是说，比起思考如何向人们传达性别平等的理念，花在思考如何传达化妆水的滋润成分这一主题上的时间要多上数十倍。

令我难受的是，自己制作的企划案中的性别观，也依然体现了昭和时代的家庭观。这些企划案照旧是"请把女儿嫁给我吧"；女孩子对男朋友说"因为喜欢你，所以送给你"；母亲以"家庭的羁绊"为由做出自我牺牲；上班族没有尽到做父亲的责任，一边说"身为男人我很抱歉"，一边搞怪耍宝，面对这样的父亲一直表现冷淡的读高中的女儿，在出嫁前却感激地说"爸爸，谢谢你"。并且，除母亲之外的中年女性都消失在观众视野中了。

为什么呢？

部分原因是我的广告技巧不足。广告只能让人看到一瞬间，因而要以速度取胜。如果一个设定让人不用特别费脑子就能立刻代入，那么它往往就是那种传统的性别分工。如果把让父亲做家务作为隐藏信息，或者改变性别分工，就需要全体工作人员都有这种想法才行。

还有很大一部分原因是，日语广告的历史是由那些站在男性视角，以男性的思维方式制作的广告构成的。我反复看了十多年受男人认可的知名广告，并已经让它们渗透进我的身体里。要想建立其他的思维方式，应该还需要一段时间吧。

如果我想在公司内部的讨论中提出充满女性主义色彩的企划案，就必须进行相当细致的说明，没弄好的话还会遭到会议室的男人们的白眼和嘲笑——这一点连傻瓜都想象得到。甚至女性也会责备我，说"这放在日本还太早了"吧。

客户会担心品牌形象受损，**他们应该不会喜欢控诉女性歧视这种负面信息，但如果是积极地表现女性主义的诉求，倒还能让人接受。**哪怕不以女性主义为主题，只要广告能在最低限度地照顾到性别观的情况下制作，那也不错。

无论是客户还是广告代理公司，都需要对性别观有所了解吧。哪怕做出来的东西让人自我感觉良好，也可能会像西武·崇光那样受到争议。不过大家本来就很忙，哪里有时间学习了解呢？

在国外的广告界，有一个叫作 Always 的生理用品品牌，它的一项带有强烈女性主义色彩的企划"像女孩一样"（Like a Girl）获得了极高的评价，在日本也成为一时话题。可是，大家并没有就此谈论起女性受到社会压迫的事，也没有把性别纳入企划中的意思。

这是为什么呢？

部分原因应该是许多日本创作者不懂英语，也就无法从海外获得第一手信息吧。他们相信在日本男女平等，认为自己不可能歧视女性。就连那些让妻子改姓，把家务和育儿全丢给妻子，对女同事开玩笑说"你哪有女人样"的男性创作者，也完全没有意识到这是歧视女性的行为。

东京奥运会到来后，海外对日本的关注应该会有所提高。这是一个绝佳的宣传机会，为了展现日本好的一面，广告界既兴奋又不安。但是 2019 年日本的性别差距指数排在世界第 121 位。世界各国的人对此会作何感想呢？

从事创意行业的外国人，大多对性别问题比较敏感，难道我们还要按当前的路线继续走下去？还是只会在人看得见的地方，比如创意方面才表现出多样性呢？我们会不会在无意中表现出日本是一个歧视女性到离谱的国家呢？

读了治部莲华写的关于广告中的性别表现的著作《不会引起争议的企业信息发布：性别是商务的新素养》（『炎上しない企業情報発信——ジェンダーはビジネスの新教養である』），我深受感动，并鼓起勇气把它带到了公司。如果在公司拿着有这种名字的书，别人会把我看作可怕的女性主义大妈吗？我想把书里写的事情告诉同事。怎样才能制作出照顾到性别的广告呢？如果拥有带着性别观的视角，我们看待世界的方式就会发生翻天覆地的变化。对广告创意来说，这不是危机，它更像是一个机会。

都说"文案就是发明看待事物的新方式",女性主义也发明了看待世界的新方式呀。即使不搭建宏大的布景,不起用明星,只要稍微改变性别分工就能形成全新的企划。无论是日本社会还是广告创意,女性主义都能为它们带来突破。更重要的是,它或许能成为一种思考方式,让此刻在职场、家庭中痛苦不堪的女性能更轻松一些呢。

然而,这些话我无法向任何人诉说。

因为我不是会被围攻,就是会被嘲笑。

如果是泰斗级的男性广告人提倡"性别是新世界的潮流!"大家或多或少都会愿意听吧,毕竟大家预感到泰斗说的话将直接关系到自己的成功。但我对大家来说是低级的、愚蠢的女性创作者,谁会愿意听我讲呢?

话说回来,广告界在录用女性的事情上有进步吗?我试着查了一下自己公司的董事资料,发现果然不出所料,男性占得满满的。女董事非常少,创意部门的女领导虽说不是完全没有,但也是寥寥无几。

每年旨在介绍优秀创作者的"年度创作者"都是男性获奖。从 1989 年第 1 届开始,清一色的**男男男男男男男男男男男男男男男男男男男男男男男男男男男男男**。从那时到现在，放眼望去尽是男人。

　　被现实击垮的我苦恼不已。光是看这个情况就能知道，广告界显然是一个以男性为中心的男性社会。大叔们嘴上说着男女平等，行动上却坚决地将女性排除在外。现实一直都摆在眼前，只是我没有将它当成自己的事。"看见"和"发现"果然是截然不同的。

寻找伙伴 ❀

　　与其突然在商谈中抛出女性主义的话题，不如先结交一些了解女性主义的伙伴吧？如果是女性的话，一定能理解我们在以男性为中心的广告界生存的艰辛。

　　我试着在一位同是女性创作者的前辈面前提起与性别问题相关的事。

　　"我在 F 国时发现，在日本的广告界女性活得很艰辛，您不觉得吗？"

　　结果她回答：

　　"我觉得我们公司是男女平等的。和其他公司相比，我们的员工无论男女，都对公司的评价很高。"

什么？！

我想，当时的自己应该露出了大惊失色的表情。

等、等、等一下，明明董事和普通管理者里的女性如此之少，明明男同事总是喜欢进行男性说教，明明有女同事在自己面前被性骚扰，为什么她……？

在广告界，歧视女性是过于理所当然的事，甚至很难被人察觉。

话说回来，我不也在海外的广告活动上自信满满地说过"我认为我们公司男女平等"吗？那位印度尼西亚的女性分明有很清楚的认识。我的心像是被戳了一个大洞，只能垂头丧气地离开。

之后我又问了同是女性创作者的后辈："广告创意界以男性为中心，你会不会觉得很辛苦？"对方的反应也没有达到我的期待。对创作者来说，比起这种事，如何获得今年的奖项，如何创作出明年奖项的应征作品才是更为迫切的问题。

在其他部门工作的女同事对我说："这不是我们公司的问题，是社会的问题呀。"

如她所说，反正不管去哪家公司，情况都差不多吧。我们公司和对手公司不仅没有考虑性别问题，似乎还认为无视这种问题的企划更酷。

　　结果，我没能在公司里找到可以理解我的女性。

　　女性主义是为了什么而存在的来着？难不成是为了摧毁此刻幸福的人的心情？**女性主义，不就是为了让现在遇到难处的女性稍微轻松一些，为了现在没有遇到难处，但万一哪天摔下悬崖的女性而存在的吗？**那么，如何才能让对方听到我的话呢？让大家理解女性主义需要漫长的时间。对那些像赛马一样奔向成功的职场人士谈起既不紧迫又不像是能赚钱的女性主义，实在是太难了。

　　我曾多次幻想 F 国或是其他发达国家的人能不能帮帮我们。如果 F 国的人能成为日本政府的顾问，并为消除对女性的歧视采取对策就好了。我认为日本人即使不听本国女性的意见，也会听取欧美男性的意见。不过对方应该也会想，我们国家的问题还不是堆积如山，为什么要特意去解决日本的女性歧视问题呢？

　　到最后，应该还是只能靠日本人想办法吧。

　　真麻烦。我不知道该从哪里着手，只想吃了薯片去睡觉。

首先只能改变舆论

　　我经常有这样的幻想——明明只要广告公司认真起来，日本女性的地位就能秒速提升啊。如果有数以亿计的预算，就能开展超大规模的女性主义运动了。

　　要是能毫不吝惜地起用人气明星和超一流的创作者，并在电视和网络上大量投放广告，日本歧视女性的问题或许在一瞬间就会为人所知并得到解决，因为广告创意具有解决社会问题的力量。

　　想想就会笑出来，不过，这是绝不可能发生的。

　　很多人认为广告代理公司控制着日本。但是要我说，是社会控制着广告代理公司呀。在广告界工作的人是多么在意世人的脸色，才会去偷看他们的 Instagram 和推特啊。

如果想做女性主义、性别相关的广告，必须具备以下条件：

1. **世人对女性主义的关心已经得到了证明**。
2. **广告代理公司中有理解女性主义，能做一手好菜的人**。
3. **客户有接受那个提案的度量**。

而且，想要让由大叔支配的日本商界理解女性主义，难度也太大了。在女性主义成为对社会来说不可忽视的存在之前，企业和广告代理公司应该都不会碰它吧。再者说，女性主义仅受到一部分高敏感人群的关注还不够，它最好还能跨越鸿沟进入"主流市场"。由于大众传媒需要花费巨额资金，因此无法利用，只能主要依赖口碑把女权运动推上主流位置。**我们必须向企业和政界证明，我们已经变了，我们想要新的生活方式**。

然而，现在的我很孤独。

在这座先进又完美的大楼里，是不可以存在女性主义之类的噪声的。女人只要年轻漂亮、保持微笑就好。**对于男性来说，中年女性的愤怒具有微妙的价值，在一个打造充满父权制味道的梦想和憧憬的地方，它是无处安放的。**

我变得无法再静下心来工作了。在战场般的业务空间里待着很难受，因此我越来越频繁地躲进了卫生间和图书室。我明明知道这个世界的秘密，可是面对那些不知道这个秘密的女性以及她们的痛苦，我却什么都做不了。要想让更多的女性了解女性主义，还要等多少年呢？在那之前，我还会继续制作那些宣传父权制下的幸福的广告吗？

说实话，我已经没有什么心情了。毕竟我知道，在日本社会里女人战胜男人是一场无法通关的游戏，如果还要往这个目标干，就必须做出巨大的牺牲，而且有任何后果都要自己承担。我真的提不起干劲了。曾经我很擅长的那份努力跑去哪里了？现在的我就像一只困在覆盖着原油的大海中的鸟，黑乎乎的油污沾满翅膀的每一个角落，让我无法自由飞翔。这个行业还要多少年才会发生改变呢？在那之前我要一直忍耐吗？可是，"活在人间，我很抱歉"这种话，我明明一秒钟都不愿去想啊。

逃　出

　　就像是为了在我疲惫不堪的心上再捅一刀，我又听到了过去常听的那些话：

　　"怎么了，犯什么懒？这是你该停下来的时候吗？你得增加女人味，变得更漂亮、更有魅力，不要摆出高高在上的样子。要去做金平，要经常面带笑容，要注意说话的方式，要抓住好男人，要让更上等的男人爱上你，要早点结婚，要尽快生个孩子。都怪你，少子化现象才会加剧。都怪你，年轻人才逃离了小地方。为什么你要抛弃家乡呢？高学历的女人会让男人敬而远之，你要更谦虚一点。要被人爱，要学习新事物，要做最尖端的工作，要获得广告奖，就算今年获奖了，明年也要再拿奖才行。快点成长吧。现在是你加个班就觉得累的时候吗？你要 24 小时都考虑工作的事。别拿自己是女人当借口。要克服这些烦恼，创作出让世人惊叹的作品。要试着闪耀光彩，否则就没有活着的价值。"

——就是想要榨取我的青春、心灵、肉体以及卵子并充分利用，让我觉得"活在人间，我很抱歉"的那个声音，传到了我的耳朵里。我觉得它和"召开奥运会""实现国民团结"等其他响亮的呼声也有着关联。

"已经到我的极限了。我累了。我不想再努力了。不闪耀光彩也没关系。我不想尝试新的事情，也不想拿奖。不想再对男人点头哈腰、强装笑脸。请不要管我。总是说要女人多生多养、闪耀光彩，那有没有考虑过我的心情？虽说人都会累、会受伤、会变老，但这难道就意味着可以对我的生理节奏置之不理吗？如果说要想闪耀光彩就得变得满身疮痍，那我本就不是个适合闪耀的人，无论是作为男人还是女人，让我继续当个废物也罢。再说了，世界上难道都是那么完美的人吗？只有我是废物吗？比起这些，这么容易就把人变成废物，难道不是这个社会的错吗？"

终于，我不得不开始认可这个可耻的、没有毅力的自己。因为如果不这样做，我会崩溃的。

最终，我从曾经那么憧憬的广告创意第一线退了下来。我终究还是放手了——那个曾像是抓住悬崖边缘一样紧紧抓住的梦想。**经历之后我才发现放手原来如此简单，也意识到自己一直以来是多么努力地一边与激烈的下降气流对抗，一边不断向上爬的。**或者说我发觉作为女性，任凭下降的气流载着自己飘动，才更能获得他人的祝福与原谅。

"女人不用把目标定得高高的。把困难的事情交给男人做，跟着他走才是明智之举哦。"

我的脑海中浮现出小餐馆的老板娘曾对我说过的话。

我发现自己也终于理解了为什么女性结婚或是生子后要辞职——这样做比较轻松，在那个瞬间也能获得一种安心感。

只是对我来说，我的撤退既不是为了丈夫，也不是为了孩子，我只不过是为了让脆弱的自己活下去。

我和来公司附近的朋友时隔好久见了面，我说自己不会再做广告创意的工作了。她知道我一直对创意工作充满热情，但也没有否定我的决定，只是认真地听我倾诉。

我们仰望着闪闪发光的公司大楼。

可那栋大楼已不再是让我闪耀光彩的灰姑娘的城堡了，它看起来就像矗立在我眼前的一堵巨大的墙。

"它好大啊，总觉得看起来像一堵无法跨越的巨大的墙。"

结果她的话令我很意外：

"不，墙看似很坚固，其实很脆弱哦。"

试着说出“女性主义者”

可能是由于到最后我看开了，因此明知道没什么希望，我还是决定找女同事谈谈女性在广告界生存的艰辛。

她以一句“我虽然不是女性主义者……”为开头，讲起了自己身为女性在广告界所感受到的困惑。

这个人知道女性主义者！她甚至清楚女性主义者这类人持有怎样的意见。但她也察觉到在现在的日本，如果女性说自己是女性主义者，气氛就会很尴尬。

在F国，我没有必要成为女性主义者，毕竟周围已经存在这类人，并且他们已经为女性创造了更容易生存的社会。可日本不是这样。即使认识到了女性主义，大多数人也只会选择成为隐秘的女性主义者。如果我说自己是"女性主义者"，或许此刻的气氛也会发生变化。

即便广告公司很堕落，它们好歹也知道社会上什么受欢迎，什么不受欢迎。对当今的日本来说，不使用"女性主义""女性主义者"这些词才是明智之举吧。**即便如此，总要有人负责把球投出去。那只球只能从边缘，并且肯定只会由女性来投。**知道"女性主义"这个词之后，我的世界发生了翻天覆地的变化。与其拐弯抹角，不如直接将它说出来。眼前的这个人一直很了解我，即便我突然变成"妖怪女性主义大妈"，她应该也能接受。万一她因此讨厌我，那么反正我们在工作上也不会再有交集，应该也没有什么损失。我想让她知道，在这个世界上，女性主义者这种生物是必然存在的，并且就在她的眼前。而现在正是机会。

"啊，我是女性主义者哦。（笑）"

这是我第一次开口说自己是女性主义者。尽管不知道对方是怎么想的，但说出来以后什么事也没发生。

要是能早点说就好了。

我想起了韩国女性主义者说过的话：

"哪怕采取行动之后社会没能发生改变，也不要灰心丧气。因为你自己改变了。"

我没能改变广告创意界。别说改变，我在之前就已经筋疲力尽了。但是了解了女性主义之后，我改变了自己。

这不就够了吗？

第五章

对大叔型社会的反击

安倍口罩、肉券、GoTo^①

2020 年春天。

就在新型冠状病毒感染扩大，卫生纸和口罩从超市和药妆店买不到的时候，我在独居的房间里过着居家办公的日子。虽然已经从广告代理公司创意工作的第一线退下来了，但我还是一如既往地从事着烦琐的与广告制作相关的工作。

作为广告创作者，我虽没能改变这个世界，但也没有放弃一切。目前，舆论的热度还不足以让企业制作出体现性别观的广告。既然这样，那我自己能不能制造舆论，为女

---

① 日本政府开展的去出游（Go To Campaign）活动。

性主义造势呢？抱着这样的心情，我在推特上发布了一些与女性主义者相关的零零碎碎的推文，也向一些女性主义者表达了支持。**虽说放弃了梦想和地位，我的内心却获得了足以令我惊叹的自由**，即便是使用匿名账号，我也渐渐能畅所欲言了。

我非常感谢能够远程办公，除了去超市和药妆店，我尽量不出门。每天的午餐我都要自己准备，洗碗看起来是小事，但也颇耗体力。同时由于公司要应对新冠导致员工的工作量增加，我即便在家也无法放松心情，积攒了许多压力。

中小学全面停课时，当了妈妈的同事和朋友都向我表示出她们的不解。连单身的我自己都忙得不可开交，如果还有个小孩在身边，那我还能工作吗？"＃丈夫死亡笔记"里描述的那种父亲，会因为疫情开始做家务吗？世上的母亲们到底是怎么做的呢？

我公司附近的餐饮店没事吧？不仅是餐饮店，要是小型现场演出的场所（Live House）、俱乐部也能获得足够的补偿就好了，不过对小型个人店铺来说这应该相当困难吧？

新闻中提到医护人员和他们的子女受到歧视的事，这成为一时话题。自己生病了，来帮助你的都是医护人员，居然还歧视别人？护理员、保育员他们也没法远程办公，就算害怕感染也必须上班。保育园里人员密集，孩子们会乖乖地戴好口罩吗？据说老年人更容易出现重症，如果养老机构里出现了新型冠状病毒感染者，在那里工作的人们需要承担责任吗？听说在餐饮店做兼职来维持生计的学生由于排班的减少，无法支付学费，在风俗店工作的女孩子可能会因此增加。然而就连风俗店好像也没了客人，所以也存不了什么钱。

我还听说人们待在家里的时间一增加，对孩子的虐待、性犯罪就变得严重起来。并不是每一个人都能安心地待在家里。据说针对那些在家待不下去的孩子的性犯罪也增加了，在社交网络上搜索"离家出走"，就能发现很多女孩子的推文以及聚在她们身边的男人们。

家暴之崖、育儿之崖、金钱之崖、性犯罪之崖。

我有种感觉，那些等待着女人的各种各样的悬崖，已逼近眼前。

日本今后会怎样呢？

推特的时间线上一直在发布着新闻。

"安倍口罩"每户发放两个，据说要花费 466 亿日元。确实，人们为了买口罩在药妆店排起了长队，但既然发的是布口罩，那自己也可以做，有必要特地分发吗？

听说还要发肉券和鱼券。我知道我们有必要拯救畜牧业者，可是去帮助那些买得起和牛的人，这算是解决方法吗？

我还听说，政府将花费 1.7 万亿日元振兴国内的旅游业。大概是因为日本之前的入境游很火爆，而疫情对旅游业造成了沉重的打击。只不过明明有人连 290 日元的便当都买不起，为什么要把 1.7 万亿日元花在那些有钱住每晚 3 万日元的酒店的人身上？

为什么这种不可思议的企划会接连不断地出现呢？

我想起了"艳粉现象"。这些令人遗憾的企划案之所以能够通过，其原因基本存在于组织内部，像职权骚扰、恐怖政治、客户疏忽等，往往是有什么东西没有发挥作用造成的。

难道说，政府内部比我想象的还要混乱？

他们是没有听到民众的声音，还是明明听到了，但有某些无法反映这种声音的理由？就像面包店不会担心面包有没有烤好，职业政治家也从不担心自己有没有把政治搞好。虽然我注意到了安倍政权对女性的歧视，但在其他方面我之前觉得还是做得不错的，想着他们应该有危机管理能力。

然而真的是这样吗？

尽管发生了这样的事，安倍政权的支持率仍在 40% 左右，依然很高。在电视新闻中，安倍看起来就像个和蔼的大叔，而追究责任的在野党议员看起来就像是吵闹鬼。

我再一次想起了教我心理学知识的前辈的话：

"人们倾向于喜欢他们频繁接触的事物哦。在心理学上，这被称为'纯粹接触效应'。"

是的，电视上关于安倍的报道越多，人们就越喜欢他，这是理所当然的。安倍稳重的外表、柔和的声音、安倍马里奥①、在赏樱会上与明星的合影、昭惠②灿烂的笑容。

不行，实在是对他讨厌不起来。

即便我知道"女性活跃"政策的真面目，也对新冠的应对政策感到无语，我也无法憎恨安倍。

---

① 安倍马里奥，指 2016 年里约奥运会闭幕式上的"东京八分钟"表演中，时任日本首相的安倍晋三扮成任天堂游戏角色超级马里奥的样子。
② 昭惠，指安倍晋三的妻子安倍昭惠。

在批判"安倍口罩"的新闻报道的评论栏里，充斥着"安倍也在努力""不要抱怨"这样的评论。

电视评论员也说："日本人现在只知道主张自己的权利。"著名的广告文案撰稿人系井重里同样评论道："不要责备他人，做好自己的事！"

难道说对政治有意见，就说明我很可笑吗？我一边做着自己的工作，干着家务，一边对政治抱有意见，这也不行？那么，当政治与自己不合的时候，该怎么发表意见呢？

果然还是得改变舆论。如果舆论影响扩大，政治应该就无法忽视它了。

最能扩大民众认知范围的是大众传媒广告，但没钱的普通人用不了它，因此还得靠口碑。我只能和家人、朋友聊政治的话题，一点点让其传播开来。

话虽如此，即使我想尝试跟朋友谈政治，气氛也会变得很尴尬，总之与政治相关的话题不管是正面还是负面的，都聊不起来。说不定朋友也觉得"安倍也在努力"，结果我们的友情可能会就此破裂。总之，我害怕得说不出口。

怎样才能在如此沉重的氛围中打开一道"风口"呢？ 4

月 3 日，政府出台了每户发放 30 万日元现金的政策。因疫情失去工作，导致户主收入下降时，可以得到这 30 万日元的补助。只是当今时代双职工家庭比全职主妇家庭还多，这种情况下还能说"户主"是最赚钱的人吗？如果女性遭到户主的家暴，要怎么拿这笔钱呢？

锁定的目标不同，企划的表现形式也会有所不同。难道政府脑子里只有"昭和家庭"吗？**那种家庭就像蜡笔小新、海螺小姐、樱桃小丸子那样，爸爸负责赚钱，妈妈做全职主妇或打零工，家里有两个孩子，简直就像广告中描绘的那样美好。**

没错，广告。

广告里不描写生活的悲惨，只描绘了理想、梦想这种"非凡生活"的部分。因"丧偶式育儿"而披头散发的妈妈，遭受丈夫家暴的女性，被解雇的非正式女员工，离家出走的女孩子，我这样单身无孩的 30 岁女性——像这种不起眼的存在，是不会出现在广告世界里的。虽说体现美好日常的事物有很多，比如好吃的国产和牛、愉快的国内旅行，但一制作起广告，**我便会在不知不觉间意识到这个世界只允许强大而美丽的事物存在。**

然而，广告与政治不同。

广告只描绘幸福的人就行，政治却不是这样的吧？最先保护那些在社会上处于弱势的人，这才是政治吧？再说了，现在看起来很强大的人也不知道什么时候会变成弱者。

政府表示，"非凡生活"的极致——东京奥运会不会延期 ①，但在一部分"平凡生活"发生动荡的此刻，真的有必要强行举办吗？

大爷，喂，你要去哪里？

运动会？你不要为难自己，运动会就算了啦。

现在疫情这么严重，你本来身体就不好。

什么？他们让你吃和牛？就算想吃和牛，现在也不是时候吧？我们首先要平安地活着。再说了，工作也可能会受到疫情的影响哟。

什么？你突然决定要参加国内旅行？如果人员流动，疫情可能会扩散的，为什么非要现在旅行呢，大爷。我知道旅游业的人有难处，但光靠我们自己掏腰包，能帮助旅游业到什么程度呢？这种时候政府不应该给予补偿吗？

什么？你觉得人生变得无聊？哎呀，能过得开心当然

① 实际上东京奥运会延期至 2021 年 7 月 23 日举行。

274

好，但现在这个时候，比起有趣的生活，我更想过普通的生活，因为现在普通的生活本身就变得很奢侈呢。

先不说这些，运动会你不能去哦。有命在才有旅行，才有美食。

大爷，都跟你说了不行。

去哪里啊？大爷。

新冠的困惑

　　星期天晚上，我在房间里做肌肉锻炼，突然莫名地开始打寒战，身体也变得沉重起来。我强撑着走到床边躺下，还想着应该不可能，结果量了量体温，37.5 度。明明只是低烧，为什么身体会这么难受？

　　睡一晚上就好了，我想。于是当晚 7 点就睡了。

　　第二天早上我有工作，可身体沉重到起不来床，于是和公司联系请了假。胸口像针扎一样疼，下午还拉肚子了。到了晚上，我烧得更厉害了，开始觉得浑身刺痛。

　　我在网上搜索"新冠症状"，拼命寻找与自己相符的情况。如果真是新冠，那我是在哪里感染的呢？当时有人说，如果连续 4 天以上体温超过 37.5 度，就可以接受 PCR 检测 ①。我必须再等两天。接着我又在推特搜索"# 新冠困惑"和"# 疑似新冠"，发现存在很多与我有类似症状的人。不过，那些看起来情况比我还严重的人好像也没能接受 PCR 检测。如果不是新冠患者的密切接触者，似乎是无法获得检测的。

新冠疫情紧急事态宣言发布后，我感觉推特的时间线比平时更活跃，想必是因为大家都待在家里。在时间线上，我看到了关于向首相官邸传达意见的推文。对了，我一直没有把自己长期以来的想法告诉那些政治家。仅在社交网络上发推文的话，普通网民能看到，政治家却无法知晓。正如企业为了听取顾客的意见会进行采访调查、分析口碑一样，政治家也要听取市民的意见，为此他们才准备了意见表。

政治家不也在演说中说过"把你的想法传达给政治家"吗？我缺少的，正是与政治家的沟通。为什么活了这么多年我都没注意到这些呢？于是，我马上去首相官邸的官网，志

_____

① PCR 检测，全称是聚合酶链反应（Polymerase Chain Reaction）检测。新冠 PCR 检测往往是通过用鼻拭子或咽拭子擦拭鼻腔或咽后壁及双侧咽扁桃体处的方式进行采样。

忐不安地留下了意见"请让每个人都能接受 PCR 检测"。

第二天起来，身体比头一天更难受。我在 LINE 好友群里发了消息，发现大家好像还是同往常一样去公司上班。

我告诉他们："哪怕感染了，保健所现在好像也乱成了一团，有的医院还会拒绝接诊。大家要重视健康哦。"

"你先别管厚劳省说的等待 4 天以上的事，打个电话试试吧？"朋友对我说。

虽然我想再观察一段时间，但还是试着给离我最近的保健所打了电话。

"我们不接受新冠相关的咨询，请打下面这个电话。"

对方给了我号码，可是打不通。

隔了一段时间我又打了好几次，依然没有接通。真的假的？不是无法做检测，是电话都打不通。或许整个东京有许多和我情况相似的人，大家都涌向了保健所。明明电视上有人正接受 PCR 检测，实际想要接受检测却困难重重。

"个人的事情就是政治的事情。"

女性主义的观点与自己面临的现实紧密联系在了一起。不能接受 PCR 检测这一个人问题，是由政治控制的。

又过了一天，我的身体依然很不舒服。给保健所打电话，也还是打不通。

于是我不再直接打给他们，而是试着打给离我最近的医院。

接电话的人说："您能先给保健所打个电话吗？"

"我打了，但是打不通。"

"可是只有联系过保健所，我们才能受理。"

难道我是社会的累赘？是啊，我不能给医疗机构增加负担。我也不想打电话的。话是这么说，但带着这种症状一直待在家里，真的很不安啊。

之后，我在距离我家 15 分钟步行距离的地方找到了一家可以接诊的医院，便强撑着走过去取了药。

好久没上街了，我忍不住担心起附近的店铺。就算消除了新冠疫情，街区也荒废成了"鬼城"，没有比这更可悲的事了。真希望可以马上补偿他们，让他们能休业。但现在的我除了待在家里，什么也干不了。

在那之后的很长一段时间，我的体力都没有恢复到能支撑我起来工作的程度。脚趾发冷、双手发麻，每天都有新的症状出现。上午刚觉得恢复了一些，下午就会恶化，每一天都是这样时好时坏。优食 ① 成了我唯一的生命线。我很怀念可以自由地去便利店和超市的日子。

由于哪儿也去不了，我只能玩手机，结果发现推特的时间线上出现了"宪法修正"这个词。安倍似乎想要修改宪法，新设"紧急事态条款"。紧急事态条款规定，在战争、灾害等紧急情况下，可以将权限集中在政府手中，不经国会讨论即可限制国民的人权。

唉，这没什么不好啊，在紧急情况下还要一点一点地讨论才更麻烦吧？当时我的第一印象是这样的。只不过我想自己调查一下这么做的优缺点，便去 YouTube 上看了探讨紧急事态条款的纪录片。据那个节目介绍，以前关于德国的《魏玛宪法》有这样一段历史——纳粹滥用其中的紧急事态条款，最终建立了独裁政权。

这是真的吗？宪法中的一篇文章就能改变历史？还是我担心过度了？或者说为了新冠这一件事连宪法都要改变？有必要做到那个地步吗？不能只修改法律？我很想听听谁的意见。然而支持政权的人一定会说"修宪是必要的"，不支持

---

① 优食（Uber Eats），是美国科技公司优步（Uber）在 2014 年推出的在线食品订购和配送平台。

的人一定会说"修宪是很荒唐的"。那我该相信谁呢？

如果不能相信任何人，就用自己的双眼去确认吧。我通过搜索引擎找到了将现行的宪法与自民党的修宪案进行对比的网站，看了之后吓了一跳。修宪案里的内容包括试图将天皇的地位从"日本象征"变为"国家元首"，限制言论自由，由国家来决定家庭形态等，总之我希望大家一定要读一读。他们到底是抱着怎样的目的，想要做出这样的变更呢？

我查看了许多真实用户的社交账号，大家似乎都在开心地上传着居家生活的照片。正向女性悄悄袭来的危机、宪法的修正，这些事大家一定都不知道吧。

比起修改宪法本身，我觉得更可怕的是，如此重大的话题的讨论是在许多人对宪法漠不关心的情况下推进的。

电视上的画面一如既往地在宣传和平的日本，如享受居家生活的方法，因新冠而发展的行业，某家知名饭店的外卖菜单等，而明星则笑眯眯地做出反应。

本以为电视里偶尔也会批判一下政治，没想到批判的却是邻国韩国的政治。

电视到底是怎么回事？

宪法修正明明关系到日本的根基，为什么不告诉大家这些呢？

在我小的时候，电视上不是尽批判政治，不提什么美食话题吗？赶紧变成那个无聊时期的电视吧。难道说，电视是想让我们的视线从问题上移开？想要一直装出和平的样子，剥夺大家思考的机会？

不，不是这样的。

是自己忙于工作不想动脑，对政治也提不起兴趣，才把电视弄成这样的。明明应该提出"我希望多报道一些政治新闻"的要求，却连这种事都没能做到。所以等到我想要了解政治的时候，它就不让我知道了。

周末的早晨，我打开手机，发现不知为何网上格外热闹。

当时，歌手星野源用本人的社交账号上传了一首自弹自唱的歌曲《在家跳舞吧》，并向大家发出号召"有没有谁能帮我在这段视频中加入乐器伴奏、合唱、伴舞？"不少网友和明星也发布了"合拍"视频来积极响应，在网络上掀起了热潮。安倍首相也在自己的社交账号上发布了与星野源的"合拍"视频，视频里他时而喝茶，时而逗着自己的爱犬。

与视频一起发布的还有一段配文：

"见不了朋友，没办法聚餐。但正因为大家的这些举动，许多人的性命得到拯救。即使是现在这一刻，你们也在为那些在极其严峻的抗疫前线奋斗的医护人员减轻负担。真心感谢每个人的配合。"

这是谁的企划？如果广告代理公司提出有这种内容的企划案，创意总监肯定会说"重新想！"，然后一把否决掉。为什么这个企划却获得了通过？

一个令人遗憾的方案获得通过，就代表那个组织有什么问题。

官邸这个组织，真的没问题吗？

安倍在推特上发布的视频的评论栏里，充斥着害怕新冠却不得不去上班的人们的痛苦之声。我也忍不住写下了评论：

"让人痛苦的不是见不了朋友、没办法聚餐。真正痛苦的是一直有新冠疑似症状，却无法接受 PCR 检测，不知道症状会持续到什么时候。"

紧接着，负面的回复一齐涌来：

"你是想引起医疗体系的崩溃吗？""安倍明明已经很努力了。""检测了也没用。""你是不是喝多了？"

　　为什么他们会蹦出这样的话？虽说这样也许是在袒护安倍，可如果大家很容易就能接受 PCR 检测，对他们自己来说也有好处呀。这些人眼中的世界到底是什么样的啊？

　　就在这时，一则新闻映入了我的眼帘。新冠疫情之下，一项危险的法案似乎要进入审议，而律师联合会则发表了反对声明。该法案名为《检察厅法》修正案，似乎与检察长黑川弘务的退休年龄延长一事有着密切的关系。

民主主义太糟了吧🍀

　　为什么那些律师会将这个叫黑川的人的退休年龄延长视为一个问题？过了退休年龄还继续工作难道不好吗？

　　话说，我想起 YouTuber[①] "没错吧大叔（せやろがいおじさん）" 曾经拿 "政权和检察机关相互勾结" 做段子，于是我又去看了一遍视频。

　　据说，安倍政权出于自身的考虑，让原定于 2020 年 2 月退休的黑川检察长留任。检察官是决定是否要对案件或犯罪进行起诉的职业。即使是首相大臣犯罪也可以对其进行起

---

① YouTuber，指以 YouTube 为主要活动平台的网络红人或在该平台发布视频的创作者。

诉，因此检察官与一切权力保持距离，以此保持独立性这一点尤其重要。按理来说内阁是不可以插手人事的。

黑川被称作"安倍政权的守护神"，而备受质疑的安倍政权有意让黑川担任检察总长，这是否严重违反了《国家公务员法》——"没错吧大叔"对此做出了评论。

通过本次对《检察厅法》的修正，政府可以介入检察机关的人事。如果政府这么做，检察机关的独立性和中立性也将消失。这也就是为什么律师们对此表示反对。

我想起了在学校学过的"三权分立"。

立法权（国会）、行政权（内阁）与司法权（法院）必须是相互独立的。现在出现问题的检察机关，应该就是司法机关吧。可如果内阁介入司法，三权分立就无法成立。

不仅是宪法，安倍连司法也要按照自己的意愿行事吗？亲切又可爱的，像校长一样的安倍。不过我能理解他想这么做的心情。我自己还不是只想和那些能懂我意思的人一起工作。如果能通过人事排除异己，不仅轻松快捷，还没有压力。即便如此，就算他本人没有恶意，这么做不也破坏了民主主义吗？自由民主党的名字会哭泣，这难道不是对支持者的背叛吗？

纪录片《起哄与民主主义》获得月度银河奖的消息传来了。我正好开始关注民主主义，便决定试着看一下。节目中报道了当安倍在北海道进行选举演讲时，高喊"安倍住手""反对增税"的市民被众多警察包围并被强行带离的事件。

她的标语牌上写着"养老金 100 年安心计划怎么样了？我存不下 2000 万日元的养老生活费！"

"存不了 2000 万日元的养老生活费"，这种话哪儿都有人说，为什么就不能让安倍看到呢？如果连这么简单的标语牌都不行，那大家该怎么表达意见？

虽说我们在日常生活中很难察觉到，但政府其实拥有相当大的权力。我很担心"言论自由"会因修宪而受到束缚。不过，或许我们的言论自由已经被束缚了。在检察机关、警察等强大的力量面前，个人的命运会轻易地被束缚、被击垮吗？

我想让日本人了解女性主义，让女性能够活得更轻松，但在此之前，我觉得日本的民主主义已面临崩溃。我曾读到过，当国家走向独裁，女性歧视现象就会加剧。那样的话，**女性可能会被当作生育机器或者遭到性剥削。**

我绝不想看到那样的事情发生啊。

连续几天，推特的热门话题榜中出现了"# 要想我们自肃 ① 就给钱""# 给个人而不是户主 10 万日元"等政治性词汇。

我也鼓起勇气参加了推特示威。

在我思考要发布的内容并按下发布键的时候，我几度犹豫。可以这么说吗？会不会很无聊？会被人抨击吗？

就在这时，时间线上出现了作家栗田隆子的推文：

> 反正也没人想听自己的想法，发出呼声也没用——在日本很多人都有过这样的经历。
>
> 我不会强迫大家发声，也不会让大家更大声一些，但无论如何我希望你们知道，只要你想发声就可以去做，无论声音是嘶哑的还是低沉的。

我觉得发出呼声很累，也觉得一个人必须足够优秀、坚强才能做出这种行为。可是看了这段话后，我觉得发出呼声

---

① 自肃，在此处指因日本新冠疫情扩散，民众被要求在日常生活中进行自我约束，避免不必要、不紧急的外出。

的难度大大降低了。**就算不起眼也没关系，我想让自己说的话好好地存在于这个世界上。**

连日的推特示威之后的某一天，传来一则新闻：原计划给户主 30 万日元的补助，改为给个人 10 万日元。据说公明党代表山口那津男直接与安倍进行了谈判，看来他是被支持公明党的创价学会① 人士的声音打动了。

真厉害，创价学会的那些人竟然能打动政治家。

可我参加的推特示威甚至都没能上新闻。好不容易才鼓起勇气参与的，真是白费劲了。我做的事情就没有意义吗？

当天晚上，我在 YouTube 上看到"没错吧大叔"说"是舆论推动了政府"。他还说"发出批判的声音绝不是徒劳的""必须以建设一个尽是'社牛'的'社牛强国'为目标"。

是啊，如果我们什么都不说，创价学会的人、山口和安倍或许都不会有所行动。无论意见是否通过，只要我们表现出对这个问题的关心，努力就一定不会白费。

---

① 创价学会，成立于 1930 年的日本宗教团体，以日莲大圣人为信仰对象。

我看到了国会 ✿

　　看着每天不断出台的令人意想不到的措施，我开始想要知道政治家们是如何做出决策的。

　　接着，我看到时间线里出现了国会的视频。对啊，看国会转播就行了。小时候奶奶看的那个看似无聊的国会转播，我自己也能去看啊。在 YouTube 上搜索后，我找到了几个转播国会的频道，并试着点击了写有"直播中"的视频。

　　一间在新闻中经常看到的、茶色锃亮的国会议事堂的屋子。

在那里，我看到了一位正在读稿子的大叔。大叔读着稿子提问，大叔照着稿子回答……看来提问的是政党的人，回答的是政府的人。

但这真的是辩论吗？

这简直就像是排练戏剧，他们看起来不过是在一起读剧本。在公司的商谈中大家从不会读稿子，做方案演示的时候也是说自己所想的。可是在国会，国务大臣的背后却有官僚们为他们准备小抄，这正如给差劲的上司制作方案演示稿子的下属一样。

这与新闻中报道的国会完全不一样。新闻里与国会相关的镜头大多被剪辑得很短，安倍和国务大臣看起来都说得头头是道。然而看了未剪辑的视频就会发现，他们没能很好地回答出问题，给人的印象全然不同。

在野党的人指出了政府提案中的疏漏之处，并提出了改善方案。

"为什么PCR检测这么少？"

"新冠疫情之下为什么还要减少病床数？明明是减少病床数，为什么还要求分配到644亿日元的预算？"

"说是新冠疫情结束后要花1.7万亿日元开展'去出游'

（Go To Campaign）活动，但如果压根就没让疫情消除，那就没有意义了吧？"

在野党议员提出的问题，正是我想直接对政府的人说的。

政治家就应该是这样一种存在，他们会代我陈述我想说的话。他们可能并不是那种没完没了地说些莫名其妙的话的人。

在野党女性议员（森裕子议员，立宪民主党）提问说："感染状况是紧急事态宣言（解除、延长）的要素，那么，到底有多少国民感染新冠病毒了呢？"

以首相为首的大臣们谁也回答不出具体人数，国会现场鸦雀无声。看到大臣们因回答不出人数而不知所措的样子，我感到脊梁发冷。这个国家的政府竟然没有掌握感染者的人数。

对于大人物们说的话，我往往是毫不怀疑地全盘接受。

只不过，有深入追究的人存在，才能知道问题所在。在野党的人要从首相和大臣那里引出怎样的话？他们似乎有战略性的考虑。

都说"在野党太散漫了""在野党里尽是'森加樱[1]'"，但真的是这样吗？可他们看起来，是在代我向政府倾诉我的困惑。

关于《检察厅法》修正案，或许也在国会上有所讨论。我在 YouTube 上搜索了一下，看到了针对此事提问时的情况。一位年轻的在野党男性议员（山添拓议员，共产党）提问说：

"检察官本就不该做某个人专属的工作，'有些工作只能交给黑川'，这种说法不是很可笑吗？"

"以内阁的判断来决定检察长的人事安排，是否会破坏检察机关的独立性？这是不是想掩盖首相自身关于'森加樱'等事件的嫌疑？"

对此，该法案的负责人，法务大臣森雅子反复表示："你的指摘毫无依据。"

---

[1] 森加樱，指森友学园事件、加计学园事件及赏樱会事件。其中，森友学园事件是指安倍昭惠担任过名誉校长的森友学园在 2015 年以极低价格购买国有土地引发的事件；加计学园事件是指安倍晋三在 2017 年被指涉嫌为好友，即加计学园理事长加计孝太郎新设兽医学院一事"开绿灯"；赏樱会事件是指安倍晋三及其后援会在 2013—2019 年主办"赏樱会"前夜宴会时，涉嫌违规使用政治资金一事。

在另一段视频中，一名女性议员（山尾志樱里议员，当时属于立宪民主党，现在属于国民民主党）正在进行提问。她提到昭和时代政府曾说"国家公务员的退休年龄延长不适用于检察官"，并指出至今为止一直都在坚持这一方针的事实，由此提出质疑"检察长退休年龄延长之事是否缺乏法律依据"。即使在外人看来，这样的提问也很合理。但法务大臣森雅子只是反复多次地表示"这么做符合国家公务员法"，感觉双方的辩论并不在一个频道上。

难道说是我脑子不好吗？不，傻子也有傻子的理解方式，就算不懂辩论的内容，至少知道辩论是否成立。一直像这样让协商停留在表面，最后破坏三权分立，真的好吗？尤其还是在新冠疫情如此严重的时候？

看执政党和在野党的辩论，就像在看广告界的竞标方案演示。一般的竞标方案演示里，竞争对手之间不会直接交锋，不过在国会上则是公开的。这是绝对真实、会一决胜负的人生主题影视剧。喜欢《半泽直树》的职场人士一定会觉得很有趣吧？但从讨论的程度来说，一般公司的讨论看起来才更像是在辩论，而首相、大臣的回答甚至都不能称为回答。是谁组建了国会这个团体呢？是我们。正如广告不可能超出客户的预期一样，政治也不可能超出国民的预期。无论是足球、棒球还是橄榄球，支持者越为其呐喊助威，队伍的水平就越高，队员的动力就越大。人们没有参与国会这项"运动"的结果，就是国会变成了一个无法进行可以称之为辩论的地方。

　　不知道为什么会存在执政党和在野党。我曾经想过，如果"散漫的在野党"什么都反对，什么企划都叫停，那么只保留执政党不就可以了吗？然而之所以会那么做，正是为了客户，也就是国民。从各种视角对某个想法进行充分讨论，可以避免其出现偏差。比起街上只有麦当劳，有摩斯汉堡会让我们的汉堡包生活更丰富。麦当劳和摩斯之间存在竞争，得到好处的就是顾客。

　　棒球不也是这样吗？如果只有巨人队厉害，棒球真的还会那么有趣吗？正因为有软银鹰队、中日龙队等强大的竞争队伍，棒球整体才会变得更有趣，棒球迷才会更加热情高涨吧。

　　执政党与在野党的竞争，也是为了给我们带来更好的政治。在现在的国会中，执政党占据着过半数的席位，席位少的在野党似乎无法与执政党展开势均力敌的较量。其结果可能会导致一些荒唐可笑的法案出现，甚至法案可能获得强行表决。但是，即使法案通过了，在野党也会给出反对意见并提出问题。

为什么人们总说在野党太弱了呢？嘴上说这个党好、那个党不好，其实说到底可能是一个构成问题。现在国会的构成中，执政党议员居多，而且爷爷辈和大叔辈的男性比例很高，女性则非常少。我觉得这种成员的构成与那个荒唐可笑的法案也有关。

在新西兰，女性领导人的才能颇受关注。如果有更多的女性参与政治，政治不是会变得更好一些吗？话说，能让女性当领导的公正组织，至少应该比现在日本的大叔政治要健全。我很想尽快参加投票选举，决定国会成员的构成。如果成员的构成变得不合常理，就必须重新考虑通过选举来更换成员。毕竟我们才是政治的主角，而不是被政治管理的一方啊。

我到现在才意识到政治和选举的意义，这也就罢了，国会竟然在还没有进行让我满意的辩论的情况下，就通过了"去出游"活动的补充预算案。我无法接受 PCR 检测，即便担心自己感染上新冠也只能待在家里，可就在我眼前，1.7 万亿日元将被用在别人的旅行上。明明有人连 290 日元的便当都买不起，却要把钱花在住得起每晚 3 万日元的酒店的人身上……

为什么？政治就是这么随性吗？

是我没有理解清楚，所以是我的问题？没有理解清楚就不能提出批评吗？修改宪法这类重要的事情，也是像这样决定的吗？

当晚，"＃安倍住手！"话题标签冲进了热门话题榜，许多人发出了抗议。我忐忑不安地思考着自己写下的文字，按下了发布键。

请放弃修改宪法。

请把钱花在消除疫情上，而不是消除疫情后。

请不要介入检察官的人事。

请不要减少病床数。

请不要通过《种苗法》①。

安倍住手！

我最终还是说出了劝安倍住手这句话。要是在街头这么说，我可能会被抓起来。本来不想对我喜欢的，可爱的安倍说这种话的，但最终我还是跨过了那条线。一种惹出大麻烦的罪恶感让我冷汗直流，心脏怦怦直跳。

在"# 安倍住手！"的话题标签中，我看到了大量批判性的评论，像是"说'安倍住手'这种话的人是傻子吗？""不要批判新冠这一国难""安倍也在努力""如果在野党执政，还会更糟""等你自己当上首相再说"等。

我知道国民确实应该团结一致。但当我们团结一致朝着错误的方向前进时，我们又该如何调整路线呢？如果不允许存在异议，那不是显得有些极权主义吗？发出呼声的人说的话和想让他们闭嘴的人说的话——赞成和反对两种意见让推特的时间线像在暴风中飘摇，让我心乱如麻。

---

① 此处指 2020 年的《种苗法》修正案，该法案主要是为了保护品种培育者的知识产权，避免自行繁殖种苗流往国外。但其对自家采种繁殖做了限制，因此遭到部分农民的反对。

我极其渴望回到过去，想变回那个对政治之类的事一无所知，还处在天真可爱的时候的自己，**那个把麻烦事都交给大人物们，一心只想着工作和恋爱的自己**。像这样对政治说长道短，无论是男是女都不会喜欢我啊！可是在我知道日本的政治竟然如此糟糕之后，我就再也变不回以前那个可爱的我了。

就在那时，我看到了这样的话：

　　# 安倍住手！
　　其实我不想说这种话，但我不能再保持沉默了。

啊，有人和我有着同样的想法。

被割裂的社会 ✿

    随着推特上连日的示威，我看到这一类的评论也越来越多——

    "难得来推特想了解一下动漫的事，结果冲上来的又是与政治相关的话题标签，我明明不想看到这些""是那些在感情层面讨厌安倍的人在嚷嚷""安倍很努力，受到这样的苛责真可怜"。

    嗯，确实会这么想吧。

    我由于加班忙得筋疲力尽的时候，对政治新闻也毫不关心，还觉得对政治发声的人特别吵。只是我想对以前的我说，自己不是因为在感情层面讨厌安倍才发声的，是看到国会的转播后对日本的新冠疫情防控措施有了危机感，所以才发声的啊。

但对于不了解这个背景的人来说，他们只会觉得我的声音很吵，认为我是在感情层面讨厌安倍。在不懂政治的时候，我也会觉得对政治发声的人很吵，而在发现政治中的课题并为了改善它而行动后，又轮到我变成那个吵闹又招人烦的人了，甚至我的话也无人倾听。这是怎样的一种窘境啊，难道是伊索寓言不成。

那些不想听政治话题的人，是希望改变宪法，让天皇当元首，让《教育敕语》[①]"复活"吗？不，我绝不会那么想。我觉得这些人绝不是想要维护安倍所秉持的思想观念，而是想要守护安倍所象征的和平日子。

守护着我们这些学生，让大家和睦相处、平安无事，同时团结一致共同努力的，正是亲切的校长安倍。

积极拥护安倍政权的人似乎生活在另一个世界里。我

---

① 《教育敕语》，指 1890 年 10 月 30 日以明治天皇的名义发布的《关于教育的敕语》，主要内容是以天皇为中心的国家观，训诫臣民为君主效劳。1948 年日本国会通过决议将其废除。

去看了一下那些用日本国旗做头像的推特账号，发现他们真的很担心那些大声嚷嚷的左翼（外国人）会破坏日本的和平。据他们所说，在野党里头尽是"森加樱"，也没有提出新冠疫情的防控措施，非常"散漫"。他们似乎还认为媒体是在野党的爪牙。我感到很不可思议，安倍政权的支持率高达 40%，他们那么害怕是为什么呢？不过他们也有自己的想法，想要不顾一切保护日本不受外敌侵扰。

另一边，对政权持批判态度的人似乎看到了截然不同的世界。

"不许权力私有化""这是民主主义的崩溃""日本已经是独裁国家了""媒体报道的偏向性太明显"。

他们为何如此了解政治？为何能像这样表达愤怒，大声呼吁？这些人到底过着怎样的人生？他们虽然使用了激烈的措辞，但这也算是为守护日本的民主主义竭尽全力了吧。他们还对那些不发声的日本人表现出焦躁不安的样子——

"为什么日本人不更生气一些呢？""要是放在国外，早就发生大规模的示威游行了。""日本人啊，站起来！"

这些话一定能传达给志同道合的人吧。可是对于对政治毫不关心的人来说，他们根本就没有看到这条推文，即使被问"你为什么不生气"，应该也不清楚要生气的理由吧。像我这样无法用强硬的语言大声呼吁的政治初学者，如果被问"你不生气吗"，总觉得像是受到了他人的谴责。

我在设计课上学到了这一点：

"人类是无论如何都想要安心的生物。虽说也会想要兴奋，想要激动，想要冒险，但在那之前首先想要安心。"

现在谈论政治的场所设计得让人觉得安心吗？不，完全没有。对政治表示关心或发表相关言论，是极具风险的行为。最糟糕的情况是，一个人会因此失去朋友和工作。在宪法修正"言论自由"之前，我们就已经被迫放弃了发表言论的自由。现在如果在路上批判政治，就会被警察带走。或许正因为大家总能感觉到这种氛围，包括我在内的很多人才会在社交媒体上匿名发布与政治相关的推文，而不是在现实中发表言论。随之而来的则是一种无力感，觉得自己一个人发推文毫无意义。我还是孩子的时候，电视上也是，大人们也是，大家都在批判政治，是在什么时候变成现在这样了？

兔子先生（小姐）

　　一转眼到了黄金周假期，我的新冠疑似症状已经基本得到控制。我收到父母从老家寄来的物资，不用再一味地依赖优食了。虽然起床时间久了还是会觉得疲惫，但至少可以开始做些简单的家务，于是我洗了放置许久的盘子，泡了个澡，又洗了睡衣和枕套，感到稍微畅快了一些。

　　但我依然无法向任何人倾诉自己对政治的不安，也无法走出家门见朋友，怀着一种难以言状的闭塞感，我继续徘徊在互联网海洋之中。除我之外，究竟有没有其他人还在谈政治？如果有的话，我想看看他们的样子，听听他们的声音，而不是只通过文字确认他们的存在。

　　我发现了一档叫"选择生活项目（Choose Life Project）"的 YouTube 节目，里面的男女出演者各占一半，这在政治节目中是很少见的。并且，"没错吧大叔"也出演了该节目。

　　我忍不住点击观看了以"为了保持新冠时期的媒体自由的风气"为题的 YouTube 直播。"自由的风气"这个词，是无法自由谈论政治的我一直在追求的东西。作为出演者的记者们谈起了现有的媒体为何不能报道政治的问题点——据说媒体会收到指示，要求他们不要报道对当局政权不利的消息。另外，在记者招待会上，为了不被问到不合适的问题，记者们会受到限制，而提出不利于当局政权的问题的记者，则会被排除在记者招待会之外。在看似在玩和平游戏的媒体中，原来也存在抱有问题意识的人。

　　但我想，对政治抱有问题意识的记者们，在媒体中可能处于弱势。而那种让我无法和朋友谈论政治的氛围，或许也是来自言论自由受到限制的媒体吧。

　　出演者问"没错吧大叔"，为什么他谈论政治却不让人讨厌，有没有值得注意的地方。

　　据"没错吧大叔"所说，在冲绳，即使是关系很好的人，谈论基地问题也是禁忌，因此要注意不要使用过激的语言。他还说，如果使用"安倍住手！"这种很强硬的措辞，问题就会"肿胀化"，这就可能会提高普通人谈论政治的门槛。

由于我之前也参加了示威，因此心里感到一阵刺痛，但还是试着去理解这些话。

在我发布"安倍住手！"推文的那个晚上，我一度想要无视自己由此产生的罪恶感。因为当时我觉得这种罪恶感来自自己的软弱，我应该去克服它。但或许这种软弱本就不需要去克服。虽说我之前没能使用强硬的措辞，但这不代表我不能用自己的语言与政治沟通啊！

又一个晚上，我看了一档叫"媒体醉谈"的YouTube节目。这是一个关于记者相泽冬树——他曾在《周刊文春》抢先报道了有关原近畿财务局职员赤木俊夫 ① 的遗书的重大新闻——和媒体顾问兼广告文案撰稿人境治谈论媒体和报道的节目。针对赤木俊夫的家人雅子要求重新调查丈夫死亡的

① 森友学园事件被揭发后，赤木俊夫于 2018 年自杀，其留下的文件记录了他在上司指示下篡改关于政府向森友学园贱卖国有土地的审核文件的经过。

真相，以及怎样做才能用舆论支持政治和媒体等话题，他们进行了谈话。

境先生做了很有意思的分析。在此之前，那些对政治积极发表意见的人，那些在网络上被称作"安倍错"或"安倍错错"的人①，他们围绕政治意识形态一直都在展开激烈的斗争。但是由于新冠疫情，至今为止对政治没有不满的人，以及一直乖乖吃草的"兔子先生（小姐）"也开始对政治产生疑问了。

"兔子先生（小姐）"是对"安倍口罩"等日常生活中的事，而不是对意识形态感到不满。为了让舆论支持赤木雅子的诉讼，难道不应该让"兔子先生（小姐）"这样的人知道赤木吗？

听到这话的时候，我大吃一惊，因为这正是广告中的定位营销。如果使用强硬的措辞，是无法传到"兔子先生（小姐）"的耳朵里的。可如果用"兔子先生（小姐）"的语言向他们娓娓道来，或许对方就能听进去。

---

① "安倍错"（アベガー）与"安倍错错"（アベガーガー）均是网络用语，前者指在社交媒体上对安倍晋三、安倍政权进行批判的群体或个人，他们认为一些事情"是安倍的错"；后者则是指那些批判前者的群体或个人，他们认为"是那些说'是安倍的错'的人的错"。

　　鲜花示威和"#KuToo"运动也是如此。我在男性社会中蜷缩成一团，觉得连发声都是一种自不量力，但女性主义者并没有对我说什么"女人们啊，站起来！"

　　只拿着花聚集在一起也好，说穿高跟鞋脚痛也好，他们让软弱的我也能迈出第一步。

　　作为"兔子"的我想要做什么呢？不是想把安倍怎么样，也不想生气，不想斗争，就连发声的勇气都没有。我只想让大家知道现在正发生的问题以及我个人的想法。

　　就像制作广告时一样，我在大脑内制作了定位策划书。

　　广告主：我

　　第1目标：兔子先生（小姐）（之前对政治没有发声，但有不满的人）

　　第2目标：政治家们（与国民很少互动，倾向于只听一部分上流阶层支持者的声音）

　　传达内容：现在发生的事情 + 对此我的意见。

　　沟通调性：用兔子先生（小姐）的语言说话。

爆　发

5月7日星期四，是我恢复远程办公的日子。尽管无力感消失了，我还是很容易疲劳。在久违的网络会议上，公司的人对我说："你的病才刚好，可以慢慢来哦。"我深深感受到了对方的善意。

虽说日本的政治变得一团糟，但通过电话会议中的谈话我发现，公司那些人似乎还和以前一样过着平静的日常生活。

我很想立刻就和他们谈谈补助金示威的事，也想说说大叔在国会念稿子，以及新闻界产生危机的事。不过如果说这些，兔子先生（小姐）一定会没了兴致吧。

只要你不去看国会的视频，就会认为日本是个和平的国家。我在工作中变得心神不宁，没有商谈的时候就在YouTube上收听国会的转播。

工作结束后一看手机，发现有一条新闻说《检察厅法》修正案第二天可能会被表决。

怎么办？在大家都因为新冠疫情紧急事态宣言而无视政治的时候，法案会这样通过吗？这种时候我除了居家什么都做不了吗？

5月8日星期五的早上，我有生以来第一次给本地的两位自民党议员打电话，请求他们阻止《检察厅法》修正案通过。

秘书用平静的声音回应我："您看得不少呢。"这种态度上的差别太大了，我仿佛看到了另一个世界。

也许我应该早一点和自民党的人聊一聊。这种感觉，就像是我和其他部门的一个自己向来觉得很讨厌的家伙说话，结果却发现对方似乎是个好人。另一位自民党议员和秘书也认真地听完了我的话。如果我诚恳地说，对方或许也会认真地回应。

傍晚，我工作结束后上网一看，发现一则新闻说《检察厅法》修正案在在野党议员缺席的情况下进入审议，将由自民党和维新会强行表决。

糟了。我心乱如麻。

到了晚上，媒体仍然没有进行大规模的报道，看来他们是想偷偷隐瞒此事直到修正案进行表决。

关于这件事的推特示威还没有开始。也许大家都在忙别的事。既然如此，我决定至少要让自己周围的人知道此时此刻正在发生什么。大家一定都不清楚《检察厅法》修正案，也不知道它到底有多危险，所以我先准备一些能让大家认识它的内容吧。

难得由自己来想话题标签，我便想用自己容易说出口的话来表达，这样也能降低那些无法对政治发声的人转发推文的门槛。

正因如此，比起燃起的怒火，我选择了能让人感受到平静意志的表达方式。为了让还不知道这条新闻的人也能容易理解，我还试着打了个比方。

由于一个人孤零零的显得很孤单，我便在推文里加入了"兔子先生"的表情符号，让他们看起来像是在游行一样。其实本应该先决定抗议的时间，但我不知道设定在什么时候好，索性不管它，直接按下了发布键。

"一定要让它传播开哦！"——当时的我完全没有这种想法。

　　（表情符号）一个人的推特示威（表情符号）

　　#抗议《检察厅法》修正案

　　无关左派还是右派，我不想继续生活在犯罪得不到应有制裁的国家。如果这条法律通过，"正义必胜"这类台词就将成为历史，刑侦剧和律政剧也将不复存在。请绝对不要让它通过。

一开始，是和我关系一直比较好的女性主义者们对我的推文做出了回应。女性主义者的圈子里有这样一种氛围，就是只要有人对女性主义或政治发声，大家就会对其表达支持。我个人认为只要能让女性主义者们和他们周围的人知道，应该就够了。

然而情况并非如此。

过了一段时间，我注意到一些发布自制横幅、制作人物关系图的账号出现了，同时对政治消息灵通的账号、作家和创作者，甚至是在野党的议员，都开始在推特上对此进行广泛传播。

本以为事情到此就结束了，没想到第二天，也就是星期六的下午，那个话题标签就排在了热门话题榜的第 27 位。到了傍晚，它瞬间就冲到了第 3 位，并在当晚成为榜首。直到深夜，相关数字还在增加，周日早上相关标签的推文数从 120 万涨到了 150 万，而到了傍晚，它达到了一个我从未见过的数字——400 万。

这一数字比过去的推特示威规模都要大。网友们为我整理了新闻媒体的联系方式。我自己也想着"一定要上新闻"，于是在明知道没什么希望的情况下，还是联系了媒体。

到了深夜还在不断增长的数字很是惊人。我做了件很了不得的事。就连经常在电视和电影中看到的明星们也使用了我的话题标签，如小泉今日子、秋元才加、水原希子、大久保佳代子、滨野谦太、井浦新、城田优、绫小路翔、浅野忠信……连广告界有名的创作者以及系井重里都表示了赞同。

第二天早上，电视里的新闻节目也对此进行了报道。至今为止一直都在玩"和平游戏"的电视节目没有无视推特示威。

我一开始发推文的时候根本没抱希望，所以很难理解正发生的这些事。而且，从不谈论政治的日本人也在发生行为转变，谈论起了政治。

大家都是怎么了！！

在不到 3 天的时间里，添加了那个话题标签的推文量激增至 470 万，不仅在日本，在世界热门话题榜也位居榜首。

我意识到，自己用力扔出去的小石子产生了巨大的波纹，并渐渐脱离了我的掌控。

新的相逢

某报社的记者联系我，说想采访最先发布"#抗议《检察厅法》修正案"推文的人。我想着之后应该也不会再有什么采访了，就简单说了几句，结果之后接二连三地收到采访邀请。

一开始，我有些害怕在媒体上出现，怕暴露自己。不过如果我出现在媒体上，大家也许会知道发起推特示威的是一位 30 多岁的女性，是个公司职员，我觉得这对迄今为止都没有在政治问题上发声的同龄女性来说，或许是一条强有力的信息。**"笛美"**这个名字来自**"女性主义"**，如果通过新闻媒体公之于世，可能会成为对女性主义的一种宣传，也可能会让更多的人注意到我的与女性主义相关的博客。我希望更多的女性——哪怕只是多一个人也好——能够意识到，感受到生活之艰辛的不仅仅是她们自己。出于这样的想法，我基本上不拒绝任何媒体的采访。

5月13日，我忐忑不安地出门买刊登着《检察厅法》修正案报道的报纸。在去便利店的路上，我发现民宅和商店的墙上贴着国会议员的海报。政治家离我并不遥远，他们存在于我的生活圈之中。一旦注意到了，之后满眼都会是政治家的海报。破败的商店的墙上、建筑事务所的窗户上、新建民宅和医院的墙上都是露出微笑的议员们的脸、脸、脸，简直就像是议员们在争夺街道的阵地一样。

"看见"和"发现"是截然不同的。

在便利店买的《东京新闻》的社会版上，刊登了我的评论以及对这件事发声的名人的介绍。推特示威受到大型媒体平台的认可，这让我既惊讶又感动。《每日新闻》也整版报道了检察官退休年龄延长的问题。

读报的时候我发现，即便是在电视新闻中被剪辑、删除的信息，在报纸上也详细地登载了出来。只不过，不同的报纸对新闻的处理也有很大的不同，读《读卖新闻》时会觉得日本很和平，读《东京新闻》时则会觉得日本是个糟糕的国家。

5月14日，我在平时常去的便利店看到《朝日新闻》和《每日新闻》的头版报道了国会前的"#抗议《检察厅法》修正案"示威活动并配上了照片，吓了一大跳。我因为没有勇气去现实中示威，才尝试进行了推特示威，哪里会想到它竟然发展为现实中的示威活动，还登上了报纸的头版。对于那些去国会前示威的人，我真的满怀感激。

即使是在广告工作中，我的文案也从未登上过全国性报纸的头版，零制作费、零媒体费的推文却做到了。这是多么具有压倒性优势的传播力啊。

政治和媒体其实是相互影响的。广告是需要花费巨额预算才能发布信息的，但它不能成为报纸的头版新闻。唯有报纸的头版位置，是为政治准备的"特等席"。可是一直以来，我即便看了政治方面的新闻，也从未将它放在心上。我曾是一个认为政治与自己无关，看报也只看电视栏目的人。在我还是广告代理公司的新人时，每天早上都会查看报纸、看广告，但即便如此我也没有把政治新闻当成自己的事。

"看见"和"发现"是截然不同的。

我对谁都不能谈论政治，所以于我而言，记者们是唯一能让我谈论政治的对象。当然，对记者来说，我只不过是一个采访对象而已。然而在这个世界上还存在即使我谈论政治，对方也不会没了兴致的人，这成为我的心灵支柱。

在接受采访的过程中我注意到，根据媒体公司和记者的主张，即使是同一条新闻，内容也会发生变化。

令我欣喜万分的是，我写满女性主义相关内容的博客被女记者们发现了，她们帮我将它写成了报道，讲述了我从体会到女性生存的艰辛到我由此对社会问题产生兴趣的背后的故事。在男性社会打拼的女记者能与我产生共鸣，这已经让我很庆幸自己写了博客，我完全没想到还能让全国的读者都知道这些。由于媒体中有女记者，她们便从女性的角度报道了这个话题。或许作为女性的我们一直认为"与自己无关"的新闻就是以男性视角写出来的新闻。由此我意识到，媒体需要更多的女记者和女领导。

（日本）共产党的《赤旗报》、立宪民主党的《立宪民主》等政党媒体也对我提出了采访请求。当时，反对我的人把我说成"在野党的间谍"，狠狠地抨击了我一番，如果我还出现在政党媒体上，会不会又被抨击？我虽然有所犹豫，但还是决定接受采访，原因是我希望在野党的议员及支持者们也能知道女性对政治的影响力，也希望他们能为性别平等而努力。

新闻媒体报道之后，许多人找到了我的推特账号。

"真的真的非常感谢你最初在推文里表达的那几句不满。"

"我自己从来没有发文抱怨什么，一直只是看看，最多也就转发一下。但是发现那个话题标签的时候，我第一次想把它用在自己的推文里发出来。"

"我是一个60多岁的老奶奶，连怎么制作话题标签都不知道。多亏了这个运动，我能发推文了。"

原来如此，大家其实都把各种心情隐藏于心，只是没有机会表露出来吧。感谢大家拿出了勇气。我的心情变得很激动，很想支持那些为我发声的人。

在示威之前看的"选择生活项目"的节目组联系了我，

让我出演"为什么我们现在要发声"的 YouTube 直播。

节目的出演者，包括电影导演、明星、记者等，以及那位"没错吧大叔"，他们与我的蓝色面孔的图片 ① 并排在一起，这像梦一样的事情竟然发生了，我的心脏几乎要从嘴里跳出来。出演者们对我说："谢谢你为我们发声。"终于，我终于能和理解自己的人对话了。由于之前积攒了很多不安，因此当时的安心感让我差点哭了出来。我甚至可以向那位让我意识到要传播政治内容的"没错吧大叔"亲自道谢。

当时的直播大约有 2000 位观众观看。大家一定都是之前与我共同发声的人。即便法案就这样通过了，我也不希望他们放弃发声。

"哪怕采取行动之后社会没能发生改变，也不要灰心丧气。因为你自己改变了。"

我向大家传达了我在推特上认识的韩国女性主义者的这句话。我很高兴能把女性主义者的想法转告给不了解女性主义的人。YouTube 直播结束后，我兴奋的心情还没冷却，就装作若无其事的样子参加了工作上的商谈。

---

① 该期节目中出演者通过网络连线的方式参与谈话，作者并未露脸，而是选择了其推特账号的头像，即蓝色女性面孔的图片来代表本人。

抨击的风暴

虽然有令人欣喜的相逢，但我也迎来了与之程度不相上下的、惊涛骇浪般的抨击。

　　"这肯定是为了逃避韩国慰安妇问题才编出来的话题标签。""沦落为反日左翼和反日外国人的走狗，你不觉得可悲吗？""看看熟人①——！！！""请适可而止，不要发推文胡言乱语。""说谎要知耻啊。""不过是网络白

---

① 此处原文为"ぱよぱよちーん"，其中一种解释是其为韩语中的"看啊，看啊，是熟人"，后成为某左翼运动家在推特上使用的问候语，并转变成对某种政治活动家的蔑称。

痴在作怪。""是广告界的人吧。支持立宪？因为在广告界，所以很容易接触到明星吧？""是在野党在捏造话题榜，是水军弄出来的。""这家伙吗？这是被立宪民主党当成傀儡，投放虚假信息的账号。""通过捏造呼声大的少数人的意见来搞大阵势，谎称他们自己的意见就是民意，然后强行推进，这不是民主主义，只是专横哦。""现在有必要说这个吗？（笑）新冠才更重要吧？""还是仔细检查一下法案的内容再吐槽比较好哦。""看起来不过是伪装成普通人的卖力的极左翼战斗人员。""差不多到了公开自己的本名和照片的时候了吧？"

我的推特的氛围在转眼之间变得不同寻常起来。

最常见的评论是这样的：

"先学习了再发言吧！""你好好看过双方的意见了吗？""不要对选举出来的政治家说三道四。"

缺乏自信的我，一瞬间差点就相信了这些话。

但总觉得哪里不对劲。按照这种逻辑，不成为政治家就不能评论政治了。我从来没有听说过，不成为广告商就不能评论广告。制作广告的人是不会抱怨观众的。如果做出来的广告没有充分传达信息或者收到差评，大家会严肃认真地接受这一事实，然后努力制作出更好的广告，不会去说什么"外行就不要对广告说三道四了"。如果外行不能对某种服务进行评论，那么吃日志①、价格网和谷歌地图都将不复存在。"不要对选举出来的政治家说三道四"的说法也很不合理，毕竟政治家说过"把你的声音传达给国政"，还在个人主页上设置了意见箱。于是我说服自己，传达自己的想法并不是一件亏心事。

　　"立宪民主党的间谍！""赤旗！"

　　这真是可笑。打个比方，应该没人会冲着阪神虎队的球迷说"阪神！"吧，那为什么会觉得冲人说政党的名字就能表现出对对方的不敬呢？话说回来，为什么别人用政党的名字说我，会让我感到如此内疚？

　　确实，在野党的议员为了废案做出了应有的努力，我对他们表示感谢。但我不会为了在野党去推特上示威。我是为

---

① 吃日志（食べログ），日本 Kakaku 公司运营的美食评论网站。后文的价格网（価格 .com）则为该公司的比价购物网站。

了我自己而做的，是我在利用在野党，也利用了执政党。我想让执政党和在野党进行辩论，建立有利于国民的政治。安倍政权的支持率为 40% 左右，他们完全可以更游刃有余一些，为什么要害怕甚至想消灭微小的声音呢？

"专业市民 ① ！""反正不过是些活动家在闹事。"

对这些人来说，不发声的人是"模范市民"，而提出反对意见的人则全都是扰乱社会的"活动家"吧。但是，作为市民，提高专业意识是很重要的，甚至可以说，应该尽早成为熟练运用民主主义体系的市民专家。而且，市民清楚地传递自己的声音后，倾听到这些声音的一方的政治水平也会提高，如果试图消灭这些声音，那么其自身最终也会衰退。而且在我看来，执政党的国会议员也好，嘲笑我是"专业市民"的人也好，都是优秀的"政治活动家"。这不是挺好的嘛，大家一起成为政治活动家吧。

除此之外最普遍的意见是，他们否认我是个日本人。

---

① 专业市民，通常指那些伪装成公民进行公民活动，但实际上是为了获取利益的政治活动家。

　　"反日！""日本国民不会说这种话！""左翼！""从国外操纵情报的间谍！""滚出日本！"

　　哈哈哈，真可笑。

　　我觉得我在至今为止的人生里，付出的努力并不亚于这些人。努力学习、考试、上大学，拼命工作搞活经济，为了给国家生孩子而参加婚活，甚至一度想要拯救日本的农业。这难道不是个十足的爱国者吗？为了不辜负国家的期待，我这么努力，可以说已经到达极限了。我没有对政治家进行诽谤中伤，不过是诚实地表达了自己的意见。一直以来我都在为日本努力，现在也在为日本的民主主义发声，结果却被称为"反日"？那么，到底谁可以发表意见？怎么发表意见才好？还是说本来就不能发表意见？这就是所谓的民主主义吗？

　　当我面对像蝗虫群一样涌来的抨击，开始怀疑自己是否做错了并感到内心崩溃的时候，是女性主义者们帮了我。

　　他们会举报那些纠缠我的人，也会替我生气。有人代我发火，这是多么令人鼓舞的事啊。当我向他们请教该如何反驳那些反对者时，他们向我介绍了《我们需要语言》和《如何解开诅咒的话》(『呪いの言葉の解きかた』) 等书。我一边参考这些书，一边尽量做出不让对方感到心情沉重的反驳，结果不知为何事情变得有趣起来。

"被网络谣言忽悠得上蹿下跳的网络白痴。"

→ "你要不要也一起跳？跳支舞好吗（Shall we dance）？"

"反日！"

→ "被这么多账号说，我都听腻了，请在表达方式上再下点功夫。"

"滚出日本！"

→ "我就算离开日本，也解决不了问题哦。"

"你的头像看着真难受。"

→ "就是为了让人看着难受才画的，很高兴它能传达我的意思。"

"不要对选举出来的国民的代表说三道四!"

→"选举很重要。只不过国会议员不是能读懂我们内心的超能力者,所以需要我们的反馈。"

"想改变政治,就等你成为政治家后再说!"

→"如果想改变相扑,就要成为相扑选手吗?"

"我还以为是个普通的女白领呢,真遗憾。"

→"普通的女白领对政治感兴趣不是挺好的吗?你不妨拥有一位。"

如果只有自己一个人受到抨击还好,但那些鼓起勇气发声、参加抗议的人也遭到了无情的抨击。对女明星的抨击则尤为严重,竹村桐子甚至被逼得删除了推文。

好不容易形成了一种可以谈论政治的氛围,这样下去又会倒退回去。推特示威虽然已经脱离了我的掌控,但我认为事情不能就这样结束。

好不容易将大家聚到一起,我能不能和他们共同为下一个行动努力?但是,究竟做什么比较好呢?

暂缓表决

　　"#抗议《检察厅法》修正案"的浪潮从未停止过，包含相关推文在内，推文总量已经暴涨到了 1000 万条。

　　但当时的菅官房长官 ① 在记者招待会上却表示"没有感觉到舆论的浪潮"。

　　政治家都不看推特的吗？那我们的声音该如何传达给他们？

　　在广告中，了解想要传达的对象即目标受众是尤其重要的。我直到最近才知道自己选区的国会议员是谁，因此对我

---

① 菅官房长官，指时任日本内阁官房长官的菅义伟。内阁官房长官相当于政府秘书长。

来说，政治家的生活状态完全是个谜。可就算自己不懂又有什么关系呢，我可以向懂行的人求助，寻求关于怎么做才能让政治家行动起来的建议。

在推特上发出呼吁之后，大家的意见陆续汇总到了一起。

- 国会议员不认为推特是舆论。
- 应通过信函、电话、邮件、传真实名联系国会议员。
- 高龄议员看不了邮件，所以传真更有效。
- 联系参与讨论《检察厅法》修正案的内阁委员会成员。
- 用数字说话。

在广告的世界里，只要我一个人想出了不得的创意，就能比竞争对手更出类拔萃，但民主主义似乎并非如此。

如果每个人都在各自所在的选区推动相关的工作，就能让更多的国会议员产生问题意识。于是，我向参加推特抗议的人分享了自己的方法，让他们能通过邮件或电话联系自己所在城市的国会议员。

我想参加者应该都是第一次给议员发邮件、打电话，于是便把自己所在城市的国会议员和他们的联系方式的调查方法，以及发给国会议员的邮件的例文公开展示给大家。

主题：关于延长检察官退休年龄的法案

××先生（小姐）：

初次见面。
我是居住在××的××。

我对现在国会正在审议的《检察厅法》修正案提出抗议。
国民的生活正受到新冠疫情的威胁，是否应该在现在这个时候匆忙通过该项内容，对此我抱有极大的担忧。

在您百忙之中发了如此失礼的邮件，我非常抱歉，但请您再重新考虑一下。

××敬上
居住地：××县××镇

在市民的呼声的驱使下，以原最高检察厅检察官为首的14名检察资深人士提交了抗议意见书。终于，自民党内部也出现了持反对意见的议员。

5月15日星期五，我一边远程工作一边看了国会在YouTube上的转播。

大约有两万人在YouTube直播间，聊天栏里的留言像激流一样涌动着。国会外面聚集着在现实中示威的人，我通过转播也能听到那边巨大的喧闹声。就在这时，国会的一个会议室吸引了众人的视线。我的心情就像在看世界杯决赛一样，根本无心工作。

面对在野党议员的提问，法务大臣森雅子的回答依然是拐弯抹角。就连法务大臣都无法说明法案的正当性吗？她明明是律师，头脑应该也很聪明，我不知道她是想袒护谁，还是受了谁的指使，只觉得心里很难受。

不知为何突然就散会了，这令我大失所望。国会一直都是给人这种感觉吗？之后，有报道说下周一有可能强行表决，而我们就在这种情况下迎来了周末。

得知国会议员在周末会回到本地的消息，大家便一起去向议员传达想法。我把之前积累的给议员发邮件、打电话、发传真等技巧都整理到了推特笔记上。很多人都以此进行了实践，并向我报告了相关情况。大家之前不过是不知道方法，只要给他们一些有帮助的信息，他们就能发挥惊人的行动力。从大家发来的邮件的字面中，我可以感受到那种想要说服别人的满满的意欲以及他们花的不少心思，邮件里的每一句话都很有力量。

有意思的是，那些说自己"没有文采"的人，反而能写出特别具有说服力的邮件。我也意识到参与政治不是一件无聊的事，而是一件有创意的事。

看到这些活动之后，更多的人采取了行动，并不断积累和更新相关的知识。周末两天我也不断地写邮件、发传真、分享大家的见解，如此反复直到深夜，最后才昏昏沉沉地睡过去。

5月18日星期一，我又开始居家办公了。为了不让公司的人察觉到我在组织的活动，我故意装出很平静的样子。连日以来的示威、在推特上及时发推文、国会转播、追踪新闻、向议员传达想法、陌生的政治话题、采访、工作……这些充满"非日常感"的日子，让我的大脑快要炸裂了。

就在我开始觉得自己可能无法再这么继续做活动，准备开始午餐休息时，"本次国会审议暂缓"的新闻映入我的眼帘。

这是我在推特上发布首条推文后的第 10 天。

这背后到底发生了什么？是我们的电话、邮件起作用了吗？说实话，我既松了一口气，又感到有些不安。

结果，《检察厅法》修正案只是暂缓，它还是有可能在秋季再次进入国会审议。我认为他们强行表决的倾向不可能如此轻易地改变。

到那时候，还能保持今天这样的热度吗？

第二天，我急匆匆地去便利店买了报纸。《读卖新闻》《产经新闻》早报的头版都刊登了"放弃在本届国会通过检察厅法案"的字样。

哇！！

我尽量克制住激动的心情，把报纸全都拿到了收银台。

舆论调查结果显示，安倍政权的支持率两年来首次跌至30% 左右，并且《检察厅法》修正案有六成的人反对。我一直以为这只是发生在推特上的事，没想到还反映在了舆论调查里，真是出乎我的意料。

工作开始后，我装作若无其事的样子参加了 zoom 远程会议。

5 月 20 日星期三，《周刊文春》报道了黑川检察长在新冠疫情紧急事态宣言发布状态下仍然外出打麻将一事，于是黑川检察长表示希望辞职。据说和他一起打麻将的是《朝日新闻》和《产经新闻》的记者。明明是一起打麻将的关系，为何记者们什么都没有报道出来？既然如此，打麻将还有什么意义？我只觉得一头雾水。和采访对象打麻将打到深夜，感觉那完全就是一个男人堆，女记者应该怎么都融不进去吧。

话说回来，法案突然停止审议的原因不是推特示威，而是文春炮 ① 吗？不愧是文春炮。到底还是文春炮。一种难以言喻的无力感向我袭来。

不过，据说舆论调查显示的支持率的下降应该也是一个不可忽视的决定性因素。如果舆论调查的结果很大程度上受到了推特示威的影响，那么我们的发声就绝对没有白费。如

---

① 文春炮，指的是周刊杂志《周刊文春》在某一期集中抨击某个特定对象，如明星、政治家、运动员等。

果能以支持率进行反馈，就可以向政治家表明民众的意向。这是一个重大的发现。

我不想让大家关心政治并为此发声的事情只是昙花一现。于是，我在当天给参加抗议的人们写了致谢的笔记。

*

都说日本人忘得快，但我认为我们一定不会忘记——

第一次使用话题标签表达不满的事，

即便知道自己认识有限，还是发布了与政治相关的推文的事，

推特热门话题榜里的政治词汇，

调查自己所在的选区的事，

调查议员的联系方式的事，

查看议员的个人资料的事，

为这个人是否会表示赞同而担心的事，

思考邮件的内容后忐忑不安地按下发布键的事，

鼓起勇气打电话并和秘书谈话的事，

在便利店发传真的事，

还有舆论推动政治后的反响……

如果大家这次勇敢地迈出了一步，

之后也应该能再次发声。

作为一名女性主义者，

我会在性别差距排名第 121 位的日本，

为了让女性主义成为理所当然的存在而一如既往地
发声。

同时**作为一个能发声的人**，作为"一只兔子"，

我也想参与活动，表达对那些想要发声的人的
支持。

有了社交网络，任何人都能发声，

而这是个只要你发声，周围的人就会联合起来的
时代。

请你成为下一个发声的人。

关于政治话题，我仍然是个新人，

因此我遇到在意的事就会去调查，感觉到什么就会
说出来。

但是如果一个人想得太复杂，感受到了太大的

压力，

　　说的话就会失去个人的风格，所以还是顺其自然吧。

　　作为女性主义者和政治新人的笛美，

　　能得到您持久的关注，我不胜感激。

*

　　在示威活动最为激烈的时候，多数反对者提出了怀疑，表示"是不是通过投票机器人和水军发布了大量推文？"后来，社交媒体研究者、当时的东京大学副教授鸟海不二夫针对此次事件进行了调查。结论是并未看到大量通过投票机器人发布的推文。此外，他通过分析称只发布过一次推文的账号占了八成，并不能认定是水军发布了大量推文。他还指出，发布、转发推文的相关账号在 3 天内有 588 065 个，成为话题中心并获得扩散的推文约占整体的 2%。能和身处旋涡之中的我站在不同的角度进行分析，我特别感激。

　　回顾推特示威的报道和新闻层出不穷。

　　当我得知路透社在英文报道里把我介绍成"笛美，一个女性主义者（Fueme, a feminist）"时，我真的开心不已。

正面报道我是女性主义者一事的，仅有路透社一家。《每日新闻》在头版上刊登了我的推文的照片的时候，我想这可不得了，过去有谁的社交媒体上的推文能登上全国性报纸的头版？

在暂缓表决之后，国会关于《检察厅法》修正案的争论仍在继续。在我工作期间，能有国会议员代替我去进行辩论，真是太好了。让普通人能够安心工作并为他们代理政治的人，应该正是政治家吧。

一个月之后，《检察厅法》修正案成为废案。

社会准备运动

推特示威是"社会运动"的一种，使用话题标签采取行动被称为"标签行动主义"（hashtag activism）。由于新冠疫情，人们开始待在家中看国会转播并为此发声，这被称为"宅家民主"。

我还知道不仅在网上，在现实生活中也有参与社会运动的人。有人说"连那时候的安保法案①都表决通过了，这次能终止法案真是一大壮举"，于是我在网上试着搜索安保法

---

① 2015 年 9 月 19 日，日本参议院强行表决通过了安保法案。该法案包含行使集体自卫权，允许自卫队出兵海外等内容。

案，发现了几万名市民聚集在国会议事堂前的照片。在我忙于工作和婚活的 2015 年，日本竟然发生了这么大的事啊。那些人这么做既赚不到钱，其努力也不一定能马上见效，但他们还是为自己所处的社会发声，这种努力是多么可贵啊。多年来一直脚踏实地地参与社会运动的前辈们也参加了这次的推特示威，他们还告诉我，强行表决被终止一事让他们也受到了鼓励。推文里的那些话，本来是我说给一直无法发声的自己的，结果那些至今为止始终在发声的人也将它拿去用了。

如果存在一项叫作"社会运动"的运动，那么很多日本人可能一直处于运动不足的状态。体育中心的教练告诉我，运动不足的人与其突然进行高强度运动，不如先做准备运动，再慢慢提高运动量比较好。我想，这次的推特示威或许就是一场社会准备运动，让从来不运动的人也能参与。

很多人都评价说，这次我的推文的措辞与过去的推特抗议有所不同。但是，我并不否定用强有力的语言来发出呼吁的做法。正因为有人用那种强硬的措辞来表达，我才会注意到政治的问题点，才能够把它加工成自己更容易说出口的话。我使用礼貌用语，是为了降低像我这样不会使用强硬措辞的人发声的门槛，绝不是为了便于权力方理解。此外，我还运用了从广告中获得的知识来思考表达方式——在有余力做这些事情的时候，我或许拥有某种特权。

面对那些针对社会问题发声的人，你告诉对方"措辞这么强硬的话，别人是不会听的啦"，也就是对对方的沟通调性而不是发言内容进行批判，以此让对方闭嘴，这被称为"语气攻击"。我这还是头一次看国会转播，就已经受到了打击，那些一直关注国会的人，想必长期以来积累的想法要比我多得多吧。而那些对女性主义发声的人，可能也是因为几十年来自己一直在发声却无人倾听，才会开始使用强硬的措辞吧。处于痛苦之中，拼命发声的人，有时根本没有余力去注意自己的说话方式。

如果你看到有人在发声，并且你想告诉对方"你这样说话，别人是不会听的啦"，我希望你不要让发声的人闭嘴。既然你能注意到那一点，你就要相信自己的洞察力，并尝试新的发声方式。

偶尔会有人说，"让《检察厅法》修正案那时的抗议高潮再来一次吧"。但那是在各种条件都具备的情况下偶然发生的，不是想要它发生就能发生的。与其为无法再现"那个时候"而失望，不如根据当下想要传达的对象思考新的目标并进行研究。如果想打动某个人，请仔细观察这个人是什么样的人，他想要什么、讨厌什么，然后思考他可能会采取的参与方式。最重要的是，我希望你用自己的方法——没有谎言、没有自我为难——来试着发出声音。我在做广告工作的时候，为了完全配合客户，有时会说一些为难自己的话。不过这么做终究会在某个时刻被人看穿，所以我希望发推文这种事，至少对自己来说不是一种自我为难。

倒计时 🌼

2020 年年底，我一边用吹风机吹头发，一边在手机上看推特热门话题大奖的发布会。舞台上，人气明星们按从低位到高位的顺序，轮流公布今年热门的流行词语。

　　推特热门话题大奖，第 5 名，鬼灭之刃①！

　　那个词会上榜吗？作为年度代表的明星轮番出场，介绍

---

① 《鬼灭之刃》，日本漫画家吾峠呼世晴创作的漫画，作品以日本大正时期
　 为背景，描写了少年为了让化作鬼怪的妹妹变回人类而与鬼怪战斗的
　 故事。

那些大受欢迎的娱乐作品和游戏等。我觉得那个词并不适合出现在这样一个象征着和平、美好的日常的场所。

　　推特热门话题大奖，第 4 名，100 天后会死的鳄鱼君 ①。

有很多人评价说，推特示威改变了社会。但事实真的如此吗？东京都知事选举的投票率为 55%，不知是受新冠疫情的影响还是民众对政治的关注度下降，投票率比上一届下降了 4.73 个百分点。

　　安倍首相下台后，菅直人政权诞生了。菅直人内阁中仅有两名女性阁员，看起来就像是爷爷辈内阁。由于遭到自民党保守派议员的反对，"选择性夫妇别姓" ② 在第 5 次男女共同参与基本计划中被删除。要求全家公司旗下的熟食系列品

---

① 《100 天后会死的鳄鱼君》，日本漫画家菊池祐纪创作的四格漫画，以倒计时形式描绘了一只鳄鱼死前 100 天的日常。

② 选择性夫妇别姓，即婚后自由选择夫妻双方是否统一姓氏。日本法律规定男女婚后必须统一姓氏，并且性别分工导致女子"冠夫姓"的现象也较为普遍。

牌"妈妈食堂"更名的联合署名活动 ① 引起了强烈抵制。

　　我想，这是一边逆着强风一边缓慢前行的一年。我仍然没有放下对自己成为发声之人的内疚感。对政治了解得越多，自己的话难以传达给"兔子先生（小姐）"的这种不安就越来越强烈。我也很郁闷，明明没做什么坏事，为什么要一直保持匿名呢？

　　　　推特热门话题大奖，第 3 名，紧急事态宣言。

　　还未公布的奖项只剩下第 1 名和第 2 名了。
　　第 1 名是那个词的可能性确实不大。
　　如果它被无视了呢？
　　那也没什么关系吧。
　　自从成为"因推特示威一夜爆红的人"，我的生活发生了很大的变化。
　　偶尔我也会随便听听国会的转播，国会议员的名字也比

① 指日本三名女高中生认为"妈妈食堂"这一名字可能会让大众产生刻板印象，认为女性就应该做家务、下厨，因此在网上发起联合署名活动，请求全家公司进行更名一事。

以前记得清楚了。虽然没有露脸，但我登上了媒体，有机会和我尊敬的女性主义者、网络红人交流。在现实生活中我也开始能抛出政治和女性主义的话题。有些朋友因此和我的关系变得有些尴尬，有些朋友和我的关系反而变得更好了。我觉得，自己身边正在形成一种可以理所当然地谈论政治的氛围。而我之所以有这样的勇气，也是因为受到了那些战战兢兢踏出第一步的粉丝们的刺激。

就像那位韩国的女性主义者所说的，即使社会没能发生改变，但我自己已经改变了，这不就够了吗？

但是，我还是不想让那个词被无视。毕竟我是做广告的嘛。

推特热门话题大奖，第 2 名……

该怎么办呢，它会被无视吗？会这样结束吗？

#抗议《检察厅法》修正案。

我觉得全身的力气一下子被抽空了。它没有被无视，没有被当作未曾发生。无关排名，人们确实承认了它的存在。

在公布奖项的总结视频中，有对在网上谈论政治和社会问题提出的肯定意见，也指出了假新闻和诽谤中伤等问题点。从视频不是一味夸奖这一点，可以感受到其中的真诚。

那时大家一起发声的事，真正得到了社会的认可。我从未想过，我们的声音不被无视是一件如此让人开心的事。

得知我的话题标签获得了推特热门话题大奖第二名，参加示威的人、身为女性主义者的前辈们都向我表示了祝贺。我由衷感谢大家和我一起发声。无论别人怎么说，多亏了参加示威的人那一篇又一篇的推文，政治才的的确确产生了变化。并且，这项运动虽然与政治相关，但如果没有女性主义者们，它甚至都不会存在吧。其实我很想发起推广女性主义的运动，不过现在的结果也还不错吧。如果这是我的工作的话，相当于是得了社长奖呢。

顺便一提，推特热门话题大奖第一名是"新冠（新型冠状病毒）"。

从悬崖之下

　　现在，我生活在 20 多岁时自己在心里描绘的悬崖之下。如果当时的我看到现在的我，一定会有这种印象——"一个人生失败后开始搞政治发言的，令人失望的大妈"。不过这里作为悬崖之下，实在太安稳了。对比一下我以前的和现在的驾照照片，看起来就像流浪猫被收养前后的对比照片一样。20 多岁时的照片里，我的头发蓬乱，皮肤暗沉，表情也透着一种悲壮感。可是现在的照片里，我的头发和皮肤都很有光泽，正面带轻松的笑容看向这边。**或许我所恐惧的悬崖其实并不存在，自己只不过是遇到了一些坑坑洼洼而已。**

　　我并不是一个真正纯粹的女性主义者。有时候我会发现自己至今仍被女性歧视的观念束缚，自己会不禁愕然。有了心仪的对象时，由于预料到对方不会做家务，我会思考为了他在保留工作的同时承担家务和育儿，并衡量这么做是否有价值。这样的自己让我不寒而栗。偶尔我也会无意识地对已婚女性说"你丈夫呢"。有必要的话，我也做好了准备，随时对男性强装笑脸、点头哈腰。一度被大叔型社会浸染的我，今后也只能一边与歧视女性的病魔作斗争，一边生活下去吧。

　　28 岁之前嫁个好男人，30 岁之前在事业上有所成就，35 岁之前生两个孩子——在不自觉地放弃这个时间表之后，曾让我那么痛苦的"年龄"这一定时炸弹消失了，展现在我眼前的，是从未体验过的丰富时光。有些人实现了对女性来说比较传统的生命历程，我也不会去否定她们。结婚和生育既不是标签，也不是勋章，而是一种"状态"。也许明天我也会变成另一种"状态"。

　　但有一点可以确定，那就是日本社会的变革赶不上我的生育年龄。或许今后依然是"大叔选民"让"大叔政治家"从事对自己有利的政治工作，而大多数人依旧不会意识到这个问题。即使意识到了，也会认为反正无法改变现状，索性放弃争取，就那么过下去。婚活市场上的男性，依然会把我当作工业废弃物或二手货来对待，他们会期待自己的媳妇承担家务和生孩子的任务。成为我的恋人的那个人，很有可能把成人影片当成做爱的范本，也可能会因为年收入低于我这个女性而感到自卑。如果我们结婚了，我有 96% 的概率会随丈夫的姓，做的家务也会比丈夫多两倍以上。因产后巨变，我可能会受到性骚扰，甚至我也可能性骚扰别人。生了孩子之后，我在职场中可能会被放进"妈咪路径"①，开始"丧偶式育儿"。如果生了孩子，跳槽或晋升可能会变得很难。即便如此，周围的人应该还是会祝福我说"笛美能获得幸福，真好"。我的宝宝一定是世界上最可爱的孩子吧。我应该会觉得为了这个孩子牺牲什么都无所谓吧。我是一个很努力的人，所以育儿、家务、工作都会坚持做到底吧。

但是，**比起未曾见过的可爱的宝宝，我更想先珍惜现在活着的自己**。因此，现在这一刻，我不想伤害自己，不想为了婚活把自己折磨得身心俱疲，不想花钱去经历治疗不孕的

---

① 妈咪路径（mommy track），指有孩子的职场女性虽然可以兼顾工作和育儿，却走上了与升职、晋升无缘的职业道路。

痛苦。虽然也想象过在单身状态下要个孩子，但寻找愿意捐精的对象很麻烦，而且听说人工授精既花钱又受罪。我明明很擅长努力，但只要一想到要为了结婚生子做这样的努力，马上就觉得浑身难受，"活在人间，我很抱歉"的老毛病也再次发作。或许在现在的日本，有人结婚生子后很幸福，但既然我会想起"活在人间，我很抱歉"，那它对我来说可能不是一个幸福的选项。

如果日本是个让女性容易工作、生育的国家，我的命运会有所不同吗？如果我生在 F 国这样的国家呢？即便生为日本人，如果我能在年轻时移居到没有女性歧视的国家，那会不会比较好？想象着各种我没能选择的人生，我意识到能在现在的日本生孩子简直就是奇迹。

正因如此，我想至少给好不容易生下来的孩子留下一个像样的国家，不想让生了孩子的人感到痛苦，也不想否定这个没生孩子的自己。

为了让女性主义之风吹到为日本的某些方面而苦恼的某个人身上，我在被人误解、让人害怕、被人嘲笑的过程中，仍然想要继续投掷出自己的小石子。

在"让女性闪耀光彩"的社会，我曾为了变得闪耀而伤痕累累。那些想让我闪耀光彩的人，现在轮到你们来倾听女性的声音了。像我这样在大叔型社会中成长起来的人，希望能活用在大叔型社会中学到的东西，撬开大叔型社会的大门，让里面的空气焕然一新。对我来说，这就是对大叔型社会的反击。

如果你也想尝试发声

　　即便你因为工作、家务、育儿、看护老人等忙得疲惫不堪，你也会有办法将你的心情反映给这个社会。我会按照难易程度分类，介绍一些我个人尝试过的方法。如果你试着做了之后觉得不合适，请不要勉强自己。

●马上就能做

看电视新闻

看报

在社交媒体上回应政治、社会类推文

参加推特示威

参与网络联合署名活动

观看国会转播

● 稍微动动手

在选举中投票

向媒体传达意见

向企业传达意见

向政治家、政党等传达意见（邮件、电话、传真←推荐）

在因某事公开征集群众意见时，传达自己的意见

购物时选择能产生共鸣的品牌

● 稍微努力一下

用社交媒体的真实账号发布时事新闻

和家人、朋友分享时事新闻

面对性骚扰和职权骚扰不一笑了之，不纵容对方

对发声的人表达支持

呼吁家人、朋友参与联合署名

● 在不为难自己的情况下

参加志愿者活动

向政治家预约后进行面谈

加入想要支持的团体，向其捐款

参加街头的活动、游行

制止性骚扰和职权骚扰

后 记

    虽然我放出豪言壮语称要"反击大叔型社会",但现实中我光是活着就已经用尽全力了。不过,通过写这本书,我意识到自己能给作为"女子"的一生画上句号,然后靠着双脚继续前行。我并不想批判这本书里出现的某个人或组织,相反,我很感激他们让我拥有了宝贵的经历。可即便是这些让人喜爱的个人或组织,他们与日本社会的女性歧视也不无关系。歧视女性的社会让"女子"背负所有的期待和欲望,让她们的一举一动受到审视,而这些事情,是我在不再成为"女子"的现在才明白过来的。

    然而,只要我们自身有意愿,这种女性歧视是能够改变的。虽然日本的社会变革需要时间，但一旦改变开始，速度就会很快。就算你只是拿起这本书，围绕女性的氛围多少也可能发生一点改变。就像那些给我带来全新视角的女性主义书籍一样，我希望这本书也能在书店或图书馆的角落里，静静等待着被人发现。

除了女性主义，本书还有另一个主题，那就是民主主义。一直以来，我都算得上一个不辜负大人期望的好学生。但是在了解女性主义之后，我才发觉有一股强大的力量在试图压制我的思想，并且意识到让任何人都可以畅所欲言的民主主义之珍贵。我无法断言一些事，比如说哪个政党、政治家是好的。并且在我写这本书的过程中，身边也涌现了各种各样的问题，我听到了各种不同的声音，越来越不知道什么是对的，什么是错的。但我坚信，相较于能解决万事万物的问题的大人物，每一个愿意花至少一分钟去思考政治或社会的人才更有希望。哪怕我在推特上发起的抗议只是昙花一现，我也仍然希望这能为新的意见或想法提供肥沃的土壤，能让大家一起改写过去。

最后，我要感谢让我受益良多的广告界的朋友们，陪我聊那些我唐突提出的政治或女性主义话题的朋友们，为我们女性开辟道路的女性主义者们，与我一起勇敢发声的人们，还有陪我完成第一本书的亚纪书房的编辑足立惠美女士、校对老师牟田都子女士以及装帧设计师川名润先生。

笛美

译后记 ✿

　　十年前，我因为工作需要，和几个女同事一起去日本兵库县的一家知名企业参加为期几个月的研修。那是我第一次去日本，也是第一次出国，所以那里的一切都让我觉得新鲜，这种新鲜让我在很长时间里无法做出客观的判断。比如，当我看到一个日本人做了一件让我觉得有些"不适"的事，我无法迅速判断是这个人的问题，还是两国文化、社会差异的问题。

　　研修期间我的上司，是一位五六十岁的 S 大叔。他满口关西腔，和他说话总让我压力极大，担心因为听不懂而影响到工作。我所属的项目组，大概有七成男性，而三成女性基本都是 20 多岁。一般情况下，S 会喊我们的名字为"××桑"，如果哪天心情好，他就会喊"×× 酱"，甚至"酱"后面还会拖一个长长的尾音。

有一天，他又喊我的名字了，这次他把我的姓氏和"酱"都拖得长长的，而且喊了好几次。我应声走了过去，发现他和旁边的几个男同事都在偷笑，笑容里充满捉弄我之后的得意。

如果我在那个时候问他们"你们为什么笑？"他们应该会因为我那副被蒙在鼓里的傻白甜的样子笑得更放肆吧？于是我只是问 S："有什么事？"

他们仍然在笑，我便一脸严肃地又问了一次："有什么事？"

大家沉默了，我看到他们的笑容也停止了，S 跟我讲了几句工作上的事，我便回到了我的座位。直到后来我才知道，我的姓氏的日语发音会让他们联想到成人影片里常说的某个词。

拿我的名字逗乐的事之后再也没有发生，也许我当时的反应让他们觉得"这女的开不起玩笑"，毕竟我没有像多数日本女同事那样微笑应对职场男性的任何发言。我确实可以一笑了之，但是我不想。现在我偶尔还会想，如果当时我的日语足够好，并且能知道他们为何笑话我，我应该能做出更好的反击。

又有一天，项目组新来了几个日本女同事，仍然都是年轻姑娘。S发了一封邮件，里面是对她们的外貌做的点评。据说这封邮件本来只是想发给项目组内的部分男性，结果收件人分组没有做好，导致新来的女同事也收到了邮件。没办法，S只好又补发邮件向她们道歉。

我没有读那封点评女生外貌的邮件，但从其他男同事那里得知，S似乎在里面说新来的人长得都不大漂亮，当然他实际的措辞必然比我这句概括更充满他个人的"特色"。

在我们这些中国女生刚来的时候，他也发过类似的邮件吗？这在日本职场难道是司空见惯的事？为什么那些日本女同事看起来完全不生气？当时我既愤怒又诧异，甚至真的开始认真思考是不是自己"开不起玩笑"。

在我翻译这本书的时候，每次出现"大叔"这个词，我都会想到S。然而我却没法只用"一个歧视女性的日本大叔"来概括他。客观来讲，他是一个合格的上司，工作中会详细解答我们的问题，远没有日剧里描绘的疯狂折磨下属的大叔那么恐怖。他应该发过脾气，但在我印象里他没有对哪一位女同事发过火，也没有对她们动手动脚，否则女生们必然无法安心在那里继续工作。

我还记得研修期间，和我同住的同事想去社区的图书馆借书，图书馆工作人员说借书是免费的，不过由于我们是外国人，也不是长期居住在那里，因此需要我们的上司写张简单的证明，只要确认我们在某家公司工作就可以。

同事向 S 说了这件事，我们都觉得 S 只需要花几分钟写几句话就行，没想到，他在那个周末竟然亲自跑到了那家图书馆，进行了详细的咨询之后，帮助同事办理了借书手续。当然，他这么做可能只是因为日本人普遍做事比较谨慎，不过考虑到他平日几乎都是加班到深夜，休息日据他所说还要带孙子，可还是跨越大半个城市来帮我们处理一件与工作无关的事，这让我们很意外。

从日本回来后，我又工作了几年，然后提出了辞职。没想到，S 给我写了封邮件，他对我的工作表现给予了很高的评价，对我离开一事表示遗憾，同时希望我将来一切顺利。比起简历，这封像推荐信一样的充满诚意的邮件似乎说服力更强，我也因此得到了更多的面试机会，找到了满意的新工作。

我和 S 认识的时间、我对他的了解，或许还不足以支撑我对他做出一个全面的评价。在看到作者对这个"大叔型社会"的种种表现做出详细的介绍之后，我也开始意识到，S 或许就是个被大叔型社会浸染太久的典型性大叔，他是个好人，却没有把对女性来说不好的事情放在心上。

和日本女性相比，我认为当时自己的处境要好得多。比如作者提到加班的时候还要去补妆，哪个女生不化妆则会被男同事嘲笑。在日企工作，加班是常事，因此早晨起来也仍然疲惫不堪，我的皮肤也开始变差、长痘。这种时候我确实没什么心思化妆，尤其是我原本就对化妆之类的不感兴趣，也不希望自己烂糟糟的化妆技术让痘痘变得更严重。

由于我一直素颜，有一天一个男同事问我："你为什么不化妆呢？其实化个淡妆也是可以的。"

我依旧没有那样做，虽然之后一段时间我确实担心日本男性会不会因此觉得中国女性缺乏魅力或者不懂职场礼仪。但另一方面我又会安慰自己，我是个外国人，我来这里的目的就是工作，在不妨碍他人的情况下，我没有必要强迫自己改变生活习惯。后来事实证明，无论日本男同事有没有在背后议论我或其他没化妆的中国女同事，至少他们对我们的工作表现全都持肯定意见，也没有在工作中刻意给我任何刁难。

我的另一位中国女同事非常怕冷，冬天她都会穿上秋裤。有一次，她在工作时伸长腿想舒展身体，几个男同事无意中从她的脚踝处看到了秋裤，便指着它笑了起来。

女同事很认真地说："没错，我就是穿了秋裤，我很怕冷所以会穿它。怎么了？"

之后，他们再也没有笑话她穿秋裤了。事实上，这些人也没有资格笑话她。虽说从日剧中看，日本人似乎都格外抗冻，可在办公室里，很多日本男同事都会在腿上盖毯子保暖。是什么让他们觉得，男人盖毯子不丢人，女人穿秋裤却丢人呢？

话说回来，如果我和同事长期在那里工作、生活，我们可能也很难做到无视男人们的眼光吧？为了融入环境，我大概也会逼自己早起化妆，就像作者所说，"我怕自己不化妆的话，别人对我的印象分就会打折"。而我的同事，也可能会因为害怕男同事的嘲笑而放弃秋裤，每天在办公室盖着小毯子瑟瑟发抖吧。

好一个大叔型社会，它让男性做的一切成为理所当然，让作为少数的女性不得不对自己多加审视，担心一不小心自己的行为举止就变成男人们用来消遣的"下酒菜"。

作者在书中反复提到"性别差距指数"，于是我也上网查了一下，发现就在 2022 年，中国的性别差距指数排在第

102 位，而日本则是第 116 位，仍然为发达国家最后一名。我回顾了一下我的职场生涯，发现自己确实没有在国内职场上遇到过对我开色情意味的玩笑，或是公开讨论哪位女同事相貌的男领导、男同事。因此以我的浅薄之见，女性可以自由选择是否在职场（除去少数公司有要求）化妆、穿高跟鞋，以及职场上的男性不随意地、公开地取笑女性，对女性评头论足，或许是我们比日本性别差距指数排名略高的原因。

然而在某些方面，我认为我所处的社会和日本的大叔型社会表现几乎完全一致，那便是对"大龄剩女"的歧视。就在翻译作者如何参加婚活，如何强迫自己见一个又一个陌生男人，并且感叹"婚姻介绍所的这些男人身上并没有幸福的味道，我想我的身上也没有"的时候，我仿佛看到了自己。而她的那句"有的已婚者说'结婚是人生的坟墓'，而我就像僵尸一样，在婚活市场四处游荡，寻找自己可以走进的坟墓"，更是深深刺痛了我的心。

不仅是我，我身边很多女性朋友都有类似的经历和体会。和作者一样，大家都有不错的学历、工作，并曾为了拥有这些能让家人骄傲的学历与工作而拼尽全力，然而仅仅因为年龄和单身，之前的付出都化为泡影。

最让我觉得遗憾的是，我们从彼此身上看到的闪光点（这同时也是我们希望并且相信能吸引男性的地方），似乎还变成了枷锁。

我曾参加过一个交友活动，因为自己独自去过很多地方旅行，所以当大家谈起假期出游计划时，我谈了一些我的经历。活动结束时，主持人希望大家说一下印象最深刻的朋友，所有的男性都选择了一个漂亮的女生，而这位全场最年轻、最漂亮的女生，却选择了我，和其他许多女生的选择一样。

当时我觉得很遗憾，当然并不是因为没有男性选我，毕竟那个被选中的女生确实有相当精致的五官和好身材。我是为其他女生感到遗憾。通过交谈，我知道这些女生里有的通过极短的时间就成功"转码"，从像我一样的文科生变成了大厂的程序员。有的是女博士，也曾在国外留学，听她讲她的专业、研究的技术让我大开眼界。还有一个女生，常年做特殊学校的志愿者，负责帮助自闭症儿童做运动之类的活动……

当我遇到这样的女生，我经常会想如果我是男性，应该会想认识她们。她们身上有"勤奋""聪明""善良"等特质，这些特质应当和"年轻好看"的特质并排出现，就像超市里各种颜色的蔬菜水果。可事实是，当"年轻好看"带着强烈的光芒登场，对男性来说，其他所有特质就消失在了它的光芒里。

我不否认，女性在选择对象的时候，也一定会被"年轻好看"吸引，不过我也很有信心，认为大部分女性都愿意给其他好的特质一些机会。

我还参加过一个年轻人组成的旅行团，领队是一位旅行经验丰富、充满活力的女生。她和我们聊起自己的母亲去公园代她相亲的故事。她母亲在和男方以及男方家长沟通后，告诉她，原来像她这样喜欢旅行的女性，并不会被男方的父亲认为是"视野广阔，人生阅历丰富"，而是"不踏实，总想着往外跑"。喜欢宠物，不会被认为是"有爱心"，而是"养小孩不合适"。喜欢做饭倒是优点，因为男方的父亲说"我们就想找能给儿子做饭的"。

我和领队的个人情况差不多，她的话让我也开始担心自己的未来。这样的父亲教育的孩子，会是我将来的伴侣吗？或者说，我的伴侣将来会变成他们父亲这个样子吗？哪怕最初他们喜欢上我，时间久了，他们会不会不断提出更高的要求，希望我减少旅行，花更多时间为他们做饭，在家照顾孩子，并且在有孩子的时候把宠物抛弃？到最后，他们会成为一个把女性所做的一切都视为理所当然的大叔，并且以此来教育我们的孩子吗？

领队告诉我们，她虽然看不到这些大叔，但当她母亲用平淡的语气提起他们的发言时，她心中的怒火几乎要喷到每一个男性身上。当时我深有同感，只不过现在想来，如果那时候我能意识到这不是女性自身的问题，也不是男性的问题，而是这整个以男性为中心的社会的问题，也许我和她的反应会理智许多。比如作者说过，"父权制也好，歧视女性也好，它们都是癌症般的东西，而我们无法憎恨得了癌症的人，也就是'恨病不恨人'"。

说来惭愧，那时候我也和作者年轻时一样，觉得女性主义者、女性主义之类的说法很可怕，好像它们就是结不了婚的强势女人的代名词。我觉得自己虽有不满，但并没有勇气举着标语牌抗议或者在网上为此发声，也不想让人觉得我是个"攻击性很强的大龄剩女"。

但是作者的一段话点醒了我——

"经常会有人认为女性主义者'过激'。然而，女性主义者们讲述的经历，与女生聚会时大家对丈夫或上司的抱怨其实非常相似。只不过女性主义者的不同在于，他们能意识到这不仅仅是自己的问题，而是社会上存在男女不平等的现象，并且他们会想要去解决这个问题。只会抱怨丈夫或上司的人不会遭到任何批判，但如果谁想要去改变这些，那么这个人在做出行动的那一刻就会被指责为'过激'，这是为什么呢？"

是啊，为什么呢，可以抱怨，却不可以指出问题的核心，也不可以去思考解决问题的方法。这简直是一个完美的圈套。就好像一个闯关游戏，男性全都到达终点，却不断告诉女性"最后一关只有男人能过来，你们就留在那里。过来的人就是女流氓！"于是，女性全都小心翼翼聚集在倒数第一关，并且把这件事告诉了自己的女儿，女儿的女儿……到了后来，许多女性就会像我一样，永远碰触不到问题的核心。

幸运的是，总有一些勇敢的女性会成功闯过最后一关，她们冒着被辱骂、被嘲笑的风险站在了终点，然后朝着我们这边喊："没关系，女孩子也可以过来！"时间久了，越来越多的女性也会敢于向终点迈进，接着她们会发现，来时的路原来迷雾重重、充满假象，而终点处即便有杂草甚至荆棘，路途却清晰无比。

能通过翻译这本书认识作者，解开我一直以来的诸多困惑，我真的心怀感激。正如作者所说，"我在被人误解、让人害怕、被人嘲笑的过程中，仍然想要继续投掷出自己的小石子"，我相信无论是男性还是女性，只要有勇气投出自己的小石子，水中的波纹终将触及另一个人的心。

陈菁

ZEMBU UMMEI DATTANKAI: Ojisan shakai to joshi no issho by Fuemi
Copyright © 2021 Fuemi
All rights reserved.
Originally published in Japan by AKISHOBO Inc., Tokyo.
This Simplified Chinese edition is published by arrangement with AKISHOBO Inc., Tokyo
in care of Tuttle-Mori Agency, Inc., Tokyo through Hanhe International (HK) Co., Ltd.

著作权合同登记号桂图登字：20 - 2024 - 016 号

图书在版编目(CIP)数据

大叔型社会的女孩们／（日）笛美著;陈菁译. —桂林：广西师
范大学出版社，2024.6

（小阅读·非虚构）

ISBN 978 - 7 - 5598 - 6894 - 7

Ⅰ．①大… Ⅱ．①笛… ②陈… Ⅲ．①女性－劳动就业－研究－
日本－现代 Ⅳ．①D731.382

中国国家版本馆 CIP 数据核字(2024)第 081928 号

大叔型社会的女孩们
DASHUXING SHEHUI DE NÜHAIMEN

出 品 人：刘广汉　　　策划编辑：尹晓冬　　　责任编辑：刘　玮
助理编辑：陶阿晴　　　装帧设计：李婷婷　　　营销编辑：康天娥　金梦茜
广西师范大学出版社出版发行

（广西桂林市五里店路9号　　邮政编码：541004）
（网址：http://www.bbtpress.com）
出版人：黄轩庄
全国新华书店经销
销售热线：021 - 65200318　021 - 31260822 - 898
山东临沂新华印刷物流集团有限责任公司印刷
（临沂高新技术产业开发区新华路1号　邮政编码：276017）
开本：890 mm×1 240 mm　　1/32
印张：12　　　　　　　　字数：195 千
2024 年 6 月第 1 版　　2024 年 6 月第 1 次印刷
定价：69.00 元

如发现印装质量问题,影响阅读,请与出版社发行部门联系调换。